Martin Radoi

Als Diana mir hold war

Meine Jagderlebnisse in Thüringen und Hessen

Bibliografische Information der Deutschen Nationalbibliothek:
Die Deutsche Nationalbibliothek verzeichnet diese Publikation in
der Deutschen Nationalbibliografie; detaillierte bibliografische
Daten sind im Internet über dnb.dnb.de abrufbar.

„Herstellung und Verlag: BoD – Books on Demand, Norderstedt"

ISBN: 978-3-7543-1076-2

Vorwort

Ich hatte bis Anfang des Jahres überhaupt nicht daran gedacht, jemals selbst ein Buch zu schreiben. Und dann ging alles plötzlich doch ganz schnell. Der schleichende Gedanke, das Erlebte niederzuschreiben, ein Lob der eigenen Frau für ein für sie verfasstes Schriftstück, und ein in meinen Augen ganz schlecht geschriebenes Jagdbuch, das waren die Zutaten, die es gebraucht hatte, um aus mir einen Autor werden zu lassen. Aber wie schreibt man ein Buch? Ich hatte keine Ahnung! Wenn man so etwas noch nicht gemacht hat, dann am besten einfach drauf los.

Mein Buch ist ein Rückblick auf die eigenen Erlebnisse der vergangenen achtzehn Jagdjahre, seitdem ich nämlich in Besitz eines Jagdscheines bin. Die Jagd hat mich in meinem Leben immer begleitet, anfangs weniger, später mehr und egal, wohin mich das Leben hingeführt hat oder wie die eigenen Lebensumstände gewesen sein mochten, die Jagd war stets dabei.

Neben der Freude bedeutet Jagd für mich vor allem eins, nämlich Verantwortung. Verantwortung gegenüber der Natur, sämtlichen Tieren, einschließlich dem zu bejagenden Wild, dem Wald und natürlich auch gegenüber den Bauern. Dieses Verantwortungsgefühl hat mich immer wieder nach draußen getrieben, auch wenn ich eigentlich lieber zu Hause geblieben wäre. Aber die Hege und alle damit verbundenen Arbeiten im Revier, sowie das notwendige Ansitzen und Bejagen, sind für mich nun einmal Voraussetzungen, um ein guter Weidmann zu sein und so ließen sie mich immer wieder den Weg nach draußen finden.

Sämtliche Geschichten in diesem Buch basieren auf meinem Jagdtagebuch und den darin enthaltenen Daten. Ausgeschmückt sind sie mit den Erinnerungen, so wie sie mir im Gedächtnis geblieben sind. Es ist ein ehrliches Buch und wenn ich auch hier nur von den schönen Erlebnissen schreibe, so muss ich vorweg nehmen, dass auch ich unschöne Erlebnisse hatte. Ob nun mit Unfallwild oder den Grausamkeiten der Natur, aber natürlich auch den eigenen Fehlern, die mir in den vergangenen achtzehn Jahren unterlaufen sind. Fehler, die mich haben nicht einschlafen lassen, die einen selbst und die Jagd in Frage gestellt haben, die aber leider zu jedem Jägerleben dazugehören. Am Ende habe ich jedoch immer für mich beschlossen, das Richtige daraus zu lernen, mir der Verantwortung gegenüber dem Lebewesen immer bewusst zu bleiben und die Freude an der Natur und der Jagd nicht zu verlieren. Nur so konnten die nachfolgend beschriebenen Erlebnisse überhaupt entstehen.

In diesem Sinne wünsche ich Ihnen viel Freude beim Lesen und grüße Sie mit einem herzlichen Weidmanns Heil.

Martin Radoi

Ein Jungjäger pirscht

Es war der 23. April des Jahres 2004. Endlich! Endlich war es geschafft und ich hielt meinen Jägerbrief in der Hand. Sechzehn Monate waren seit Beginn der Ausbildung vergangen. Eine sehr lange Zeitspanne, verglichen mit der Möglichkeit heute, in wenigen Wochen seine Jagdprüfung bestehen zu können.

Alles begann im Winter 2001. Anfang Dezember kam mein Vater nach einer Gesellschaftsjagd mit einem Jagdteilnehmer ins Gespräch und es stellte sich heraus, dass dieser an der Jagdschule im thüringischen Gehren unterrichtete und dass im Januar ein neuer Kurs beginnen sollte, für den noch Plätze frei waren. Also, jetzt oder nie! Und so entschied ich mich spontan, nun doch den Jagdschein zu machen. Immerhin war ich schon einundzwanzig Jahre alt und obwohl ich von Kindesbeinen an immer wieder durch den Vater und den Großvater in Kontakt mit der Jagd geraten war, hatte ich nie wirklich in Betracht gezogen, einmal Jäger werden zu wollen.

Die Ausbildung war geprägt von alle zwei Wochen stattfindendem ganztäglichen Samstagsunterricht, viel Selbststudium und einer einjährigen praktischen Ausbildung beim Lehrprinzen. Hinzukamen viele Ausflüge auf den Friedberg bei Suhl, auf dem wir fleißig Schießübungen machten, um auch diesen Teil der Prüfung bestehen zu können.
Und als dann schließlich die Zeit der Prüfung heran war, wurde mir plötzlich klar, warum man es das grüne Abitur nennt. Mein Schulabitur, welches ich mit 2,7 nicht gerade „magna cum laude verdächtig" bestanden hatte, war ein Kinderspiel im Vergleich zur Jagdprüfung gewesen.

Zuerst kam das Schießen. Drei Schüsse auf den Rehbock, 100 Meter stehend, angestrichen. Mir gelangen drei tödliche Schüsse, wobei einer von den dreien, na ja. Egal, geschafft. Nächste Disziplin, Tontaubenschießen. Drei Treffer bei zehn Versuchen waren vonnöten. Meist lagen die Trainingsergebnisse so um die siebzig Prozent. Aber nach acht Versuchen hatte ich nur einen Treffer zu Buche stehen. Ich hatte Mühe, meine Konzentration nicht zu verlieren, da ich vorsichtig formuliert etwas unzufrieden mit mir selbst gewesen war. Der neunte Versuch ergab einen Treffer und im zehnten Versuch erwischte ich mit dem zweiten Schuss noch einen Bruchteil der Scheibe. Bis dahin hatte ich noch nie mit dem zweiten Schuss getroffen. Entweder, der erste saß oder es gingen beide vorbei. Der Schrei der Erleichterung war nicht zu überhören.

Die schriftliche Prüfung bestand sowohl aus zu formulierenden Antworten, als auch aus Ankreuzfragen oder wie man es heute nennt, Multiple-Choice-Fragen. Nach monatelangem Lernen und dem Beantworten von gefühlt 20.000 Testfragen, saß ich vor meinen Prüfungsaufgaben wie der Ochs vor dem Tor. Über die Knappheit des Ergebnisses breiten wir wohl besser den Mantel des Schweigens, aber, es hatte gereicht und nur das zählte. Schließlich kam der Tag der mündlichen Prüfung und ich stand vor der Eingangstür und wartete und wartete. Der Mitschüler, der vor mir dran war, tat sich sehr schwer und es war unklar, ob er die Prüfung bestehen würde oder nicht. Es waren eher weniger beruhigende Aussichten. Als ich dann endlich dran war, wurde es nicht besser. Die Prüfer waren jedoch sehr fair und trotz einiger merkwürdiger Antworten meinerseits, hat man mich die Prüfung bestehen lassen. Freude darüber kam lange nicht auf. Es war mehr die pure Erleichterung. Von zwölf Schülern aus der Klasse hatten immerhin vier nicht bestanden.

Aber so konnte nun der erste Jagdschein gelöst werden und darauf war ich sehr stolz. Als nächstes stellte sich die Frage nach

8

der Waffe, denn es ist und bleibt nun mal des Jägers wichtigstes Werkzeug. Es sollte eine kombinierte Waffe sein, kurzfristig verfügbar und natürlich auch bezahlbar. Am Ende wurde es eine gebrauchte, tschechische Bockbücksflinte im Kaliber 12/70 und 7x65R, mit einem 6x42 Zielfernrohr.

Mein Vater jagte zur damaligen Zeit in einem knapp 370 Hektar großen Jagdrevier im thüringischen Rippersroda und ich erhielt die Erlaubnis, dort ebenfalls jagen zu dürfen. Ich bekam einen Begehungsschein und zu meiner Freude auch ein Stück männliches Rehwild freigegeben.

Am Morgen des 29. Mai fuhren Vater und Sohn nach einem ergebnislosen Ansitz auf Sauen die Landstraße nach Rippersroda zurück und schauten nach links und rechts. Zur damaligen Zeit war es noch mein Vater, der das Wild immer zuerst sah, und so machte er mich auf zwei rote Punkte im „Schlangetal" aufmerksam. Es wurde ein Plan geschmiedet. Vater wollte nach Geraberg zum Bäcker, um Brot und Brötchen zu holen und ich sollte mal schauen, ob ich an das Rehwild heran kommen würde. Am Ortseingang ließ er mich raus und es ging los. Die Geografie war für einen pirschenden Jäger, noch dazu für einen Anfänger wie mich, geradezu ideal. Ich lief auf dem Weg zwischen zwei Feldern in Richtung eines Waldstückes, das etwa 100 Meter breit war und dahinter befand sich ein Wiesenhang, auf dem hoffentlich das Wild noch stand. Als ich den Wald erreichte, glaste ich mit Großvaters altem Fernglas, einem 7x50, vorsichtig alles ab. Aber Ende Mai sieht man nun mal nicht viel durch die Blätter eines Laubbaumes. Also pirschte ich mich ganz leise den Weg hinunter, bis ich in einer Lücke die zwei Rehe sah. Sie waren tatsächlich das Tal nach oben gezogen und befanden sich auf dem Rückwechsel zu ihrem Tageseinstand. Und ich war ihnen plötzlich ganz nahe. Es waren Bock und Schmalreh. Bis zum Waldrand war es nicht weit, ich verließ den Fußweg und schlich so leise es mir möglich war zur Wald-Wiesen-Kante hin. Verdeckt durch die Blätter des am Rande stehenden Laubbaumes, war ich unsichtbar für das Wild und konnte es trotzdem erkennen. Aber ich konnte nirgends stehen und am Baum angestrichen zielen. Also musste ich in die Knie und war sehr froh, dass die relativ laut knackenden Gelenke mich nicht verrieten. Ich stellte das linke Bein auf und somit hatte der Ellenbogen seinen Halt. Die Decke der beiden Stücke wirkten auf mich im Lichte der Morgensonne feuerrot und der Bock stand wenige Schritte vor dem Schmalreh, breit und vertraut, wie man es sich als innerlich zitternder Jungjäger nur wünschen kann. Das Absehen im Zielfernrohr bewegte sich auf dem Bock, aber immer nur in einem Bereich, der auf jeden Fall tödlich sein würde. Und dann zerriss ein Knall die morgendliche Stille. Der Bock sprang in die Luft, zeichnete also für einen Blattschuss vorschriftsmäßig, so wie wir es in der Schule gelernt hatten, rannte über die Wiese, schaffte den Graben am Rande des Waldes jedoch nicht mehr. Zunächst einmal überkam mich tiefe Erleichterung, dass das Stück offensichtlich lag. Aber dennoch ging ich zunächst zum Anschuss und schritt auch die Entfernung ab. Es waren 40 Meter. Ich suchte mir eine Fichte und brach zwei Zweige, die sogenannten Brüche ab. Vater informierte ich telefonisch, dass er kommen könne und kurz darauf war er auch schon da. Wir haben den Bock gemeinsam geborgen und ich erhielt Unterstützung beim Aufbrechen. Das Herz haben wir nie gefunden und diese Tatsache habe ich bis heute nicht vergessen, wie ein Stück Wild noch so weit und so schnell rennen konnte und das ohne Herz.

Der 6er Bock war vier Jahre alt und wog aufgebrochen 18,5 Kilogramm. Damals konnte ich die Größe seiner Trophäe noch überhaupt nicht einschätzen. Aber bis heute hängt kein Rehgehörn an der Wand, das sichtbar größer ist als von diesem Bock. Mein Großvater setzte mir die Trophäe auf einem Brett auf und

10

im Garten meiner Eltern feierten wir zusammen mit den Pächtern und den Großeltern meine bestandene Jagdprüfung sowie meinen ersten Rehbock, der bis heute unerreicht ist.

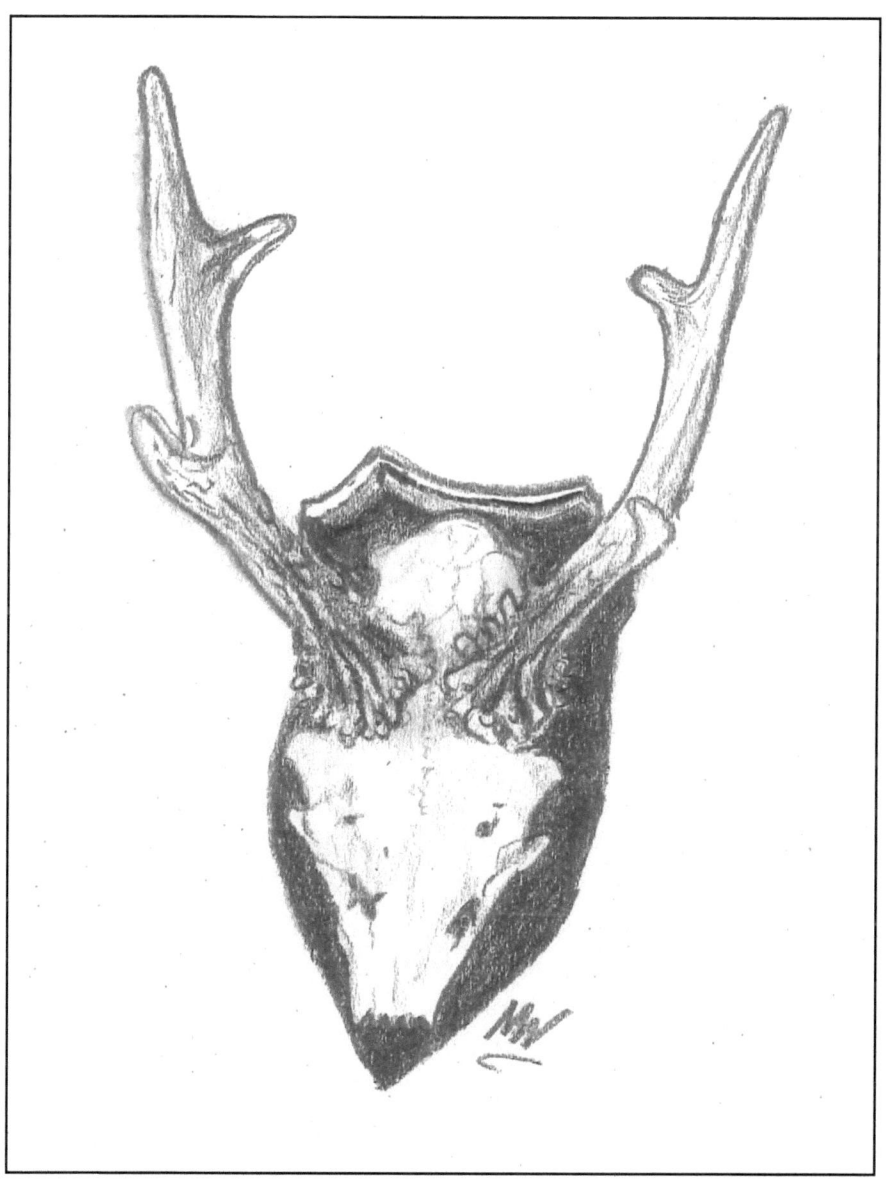

Der Hochzeitsbock

Das erste Jagdjahr war nun schon Vergangenheit. Und so aufregend und erfolgreich es auch begonnen hatte, es sollte so nicht bleiben. Einen Fuchs konnte ich in jenem Jahr noch erlegen. Morgens nach einem wieder mal vergeblichen Ansitz auf Sauen, pirschte ich auf der Rückseite des Waldes parallel zur Eisenbahn an der Wald-Wiesen-Kante. Laufen und Stolpern waren eher die richtigen Worte für mein Tun, denn als junger Mann konnte ich das frühe Aufstehen im Hochsommer nicht gut verkraften und somit machte ich hundemüde einen abschließenden Kontrollgang. Als ich an einer Ecke nur wenig vorsichtig um die selbige herum sah, war ich allerdings mit einem Schlag hellwach. Da stand ein Fuchs! Vorsichtig bewegte ich den Kopf zurück, machte noch zwei Schritte rückwärts, hob das Gewehr und wartete freihändig stehend im Zielfernrohr auf den Fuchs. Und tatsächlich, er kam. Auf 20 Meter krachte die Schrote, die ich vor Beginn der „Pirsch" gegen das Flintenlaufgeschoss ausgetauscht hatte. Der Fuchs lag im Feuer, ich hatte den Beweis, dass das Gewehr auch mit diesem Lauf trifft und im Dorf konnten wir uns auch wiedersehen lassen, da die Füchse bereits einige Hühner gestohlen hatten. Aber das war es dann auch schon mit den jagdlichen Erfolgen des ersten Jagdjahres.

Neben der Arbeit beschäftigte mich damals allerdings auch ein anderes zeitraubendes Projekt. Meine Hochzeit. Da ich die Tatsache, dass es so kommen wird, nicht wirklich geheim gehalten habe, war es für die Pächter ein Leichtes, mir ein passendes Hochzeitsgeschenk zu machen. Und so erhielt ich auch im zweiten Jahr die Erlaubnis, auf einen Bock jagen zu dürfen.

Es war der 21. Mai 2005, als ich wieder einmal mit Vater zusammen draußen war. Damals hatte ich keine Möglichkeit, mir die Zeit zu nehmen, die nötig war, um das Wild und seine Einstände kennen zu lernen. Freitags kam ich meist am späten Nachmittag bei meinen Großeltern an, die im Nachbardorf des Jagdrevieres lebten und wenn am nächsten Morgen nicht noch irgendein Arbeitseinsatz gewesen war, dann ging es schnell nach Erfurt weiter, wo die zukünftige Frau schon wartete oder wo bereits der nächste sportliche Termin auf dem Plan stand. Zur damaligen Zeit spielte ich noch aktiv Basketball im Verein und das schränkte die Möglichkeiten, mich intensiver mit der Jagd zu beschäftigen, sehr ein. Also ließ ich mich, was die Jagd betraf, von meinem Vater an die Hand nehmen und setzte mich dahin, wo ich geheißen wurde. An besagtem Maitag war es der sogenannte „Mühlgraben". Dieser lag ungefähr 200 Meter schräg über der Stelle, wo ich mein erstes Stück Wild erlegt hatte. Dort stand ein erhöhter Drückjagdbock, auf dem ich es mir bequem machte. Bereits um 20.15 Uhr sah ich im linken Augenwinkel eine Bewegung. Da stand ein mehrjähriger Bock, zog auf diese komplett vom Wald umgebene Freifläche und hielt auf mich zu. Vorsichtig hob ich meine Büchse, legte auf und bekam den Bock ins Zielfernrohr. Er begann, nach unten weg zu ziehen und als er für einen Moment breit verhoffte, war der Schuss bereits draußen. Während ich sah, dass der Bock umfiel und schlegelte, öffnete ich das Gewehr und lud sofort nach. Ich beobachtete den Bock durch das Zielfernrohr und plötzlich machte er wieder hoch. Damit hatte ich nicht gerechnet. Er war nur noch wenige Meter vom Waldrand entfernt, da brach der zweite Schuss und der Bock war verschwunden. Was war nur passiert? Wieso kam der Bock wieder hoch? Liegt er jetzt? Was habe ich falsch gemacht? Nichts hatte ich falsch gemacht. Ich hatte sogar alles richtig gemacht, aber als unerfahrener Jungjäger zweifelt man natürlich als allererstes an sich selbst. Es dauerte auch nicht lange und Hilfe in Person des eigenen Vaters nahte. Wir gingen zusammen zum Bock, der - für mich nicht sichtbar - genau an der Stelle gelegen hat, wo er zum zweiten Mal beschossen wurde. Auf die kritische Frage hin, warum ich ein zweites Mal schießen musste, erklärte ich das Vorgefallene. Der erste Schuss war bereits tödlich, saß jedoch etwas weiter hinten und hatte nicht für ein sofortiges Verenden gesorgt. Mein Großvater sprach mir später ein Kompliment für mein schnelles Handeln mit dem zweiten Schuss aus, da er schon einmal ein ähnliches Erlebnis gehabt hatte und das Stück noch sehr weit gegangen war. Bei der späteren allgemeinen Begutachtung sorgte der Fangschuss auf den Träger für allgemeines Schulterklopfen und Anerkennung. Damals hatte ich mich nicht getraut zu sagen, wohin ich eigentlich beim zweiten Schuss gezielt hatte. Manchmal zählt eben nur das Ergebnis. Und das Ergebnis dieser Jagd war ein wieder vierjähriger, ungerader 8er Bock, der aufgebrochen 17 Kilogramm wog. Es ist bis heute mein einziger Bock, der mehr als sechs Enden hatte und auch wenn die damalige Frau nicht mehr da ist, der Hochzeitsbock und die schönen Erinnerungen an damals sind geblieben.

Mensch, Opa...

Nur eine Woche nach Erlegung des Hochzeitsbockes war ich wieder im Heimatdorf meiner Großeltern väterlicherseits zurück. Ich muss kurz erwähnen, dass ich bereits vier Jahre zuvor aufgrund beruflicher Notwendigkeiten von Erfurt nach Frankfurt am Main gezogen war. Somit war mein Leben für einige Jahre wie zweigeteilt und nahezu jeden Freitag ging es Mittags nach Thüringen zurück. Die Fahrt war oftmals sehr zeitraubend und ich stand immer wieder vor der Entscheidung, Pest oder Cholera? Die Route über die A5 und die A4 oder die A66 und die A71. Die A5 und die A4 waren Freitags ab 12 Uhr Richtung Osten generell überlastet und die Alternative über die A66 und die A71 war damals auch noch keine wirkliche. Zu viele Landstraßenabschnitte mit zu vielen LKW. Inzwischen ist das Streckennetz sehr gut ausgebaut, aber damals waren vier Stunden Fahrzeit keine Seltenheit. Und so kam es, dass Vater und ich uns an diesem Freitag bei den Großeltern in Angelroda trafen und beschlossen, am Abend nicht mehr rauszugehen. Stattdessen genossen wir die kulinarischen Köstlichkeiten, die Oma und Opa für uns zubereitet hatten. Möglicherweise haben Sie diese Erfahrung auch schon einmal gemacht. Sie können nach Rezept das absolut Gleiche zubereiten, das Essen bei Oma und Opa schmeckt immer irgendwie anders und in den allermeisten Fällen auch besser. Vielleicht lag es am Herd, der noch mit Holz und Kohle befeuert wurde, ich kann es nicht sagen. Bei den Großeltern Freitagabend in der Küche zu sitzen, das Abendessen zu genießen und zu sehen, wie die Eisenbahn über die große Brücke fährt, da war für mich die Welt in Ordnung. Und an diesem Abend haben wir uns im Anschluss an das Abendessen am Wohnzimmertisch eingefunden, ein Bier und einen Schnaps zusammen getrunken und Skat gespielt, bis es an der Zeit war, ins Bett zu gehen. Schon damals habe ich mir gewünscht, die Zeit anhalten zu können. Aber das geht nun mal leider nicht und so kam nach einem schönen Abend auch der nächste Morgen. Halb vier ging es aus den Federn. Großvater hatte für das Enkelchen natürlich alles schon bereit gelegt. Das Gewehr war geputzt, der Patronengürtel war aufgefüllt, das Fernglas lag bereit, ich musste nur noch selbständig in die Klamotten rein.

Vater und ich fuhren zusammen durch den sogenannten Schacht von Angelroda über den Berg ins Revier. Am höchsten Punkt angekommen, stieg ich aus und bezog meinen Platz auf der „Esche". Das war eine Leiter, deren Sitzfläche an einen Eschenbaum genagelt war. Ein herrlicher Platz mit Blick auf eine große Wiese. Die Bauern hatten mit der ersten Mahd begonnen und es lagen schon die Schwaden fertig zum Pressen bereit. Es dauerte nicht lange, als ich am Waldrand eine Bewegung sah. Es war erst 4.15 Uhr und trotzdem konnte ich einen Jungfuchs im Glas ausmachen. Vorsichtig legte ich das Gewehr auf und bei einer Schussentfernung von 20 Metern ließ ich die Schrote fliegen. Der Fuchs verendete im Knall. Ich öffnete mein Gewehr, holte die Patrone heraus und lud nach. Doch was war das? Die Patrone war weg. Die Schrotpatrone, die ich eben in den Lauf gesteckt hatte, war weg. Ich wurde nervös und stellte mir leise die Frage, ob ich zu blöd sei, eine Patrone in einen Lauf zu stecken? Also nahm ich die nächste aus meinem Patronengurt und wollte diese in den Lauf stecken. Nach der Hälfte ging es aber nicht weiter. Ich saß da und wusste nicht, wie mir geschah. Gewehr gegen den Himmel hochgehalten, aber da kam nichts raus. Und so blieb mir nichts weiter übrig, als das Gewehr wieder zu schließen und nur noch den Kugellauf zu verwenden. Innerhalb der nächsten halben Stunde konnte ich auf 50 und auf 90 Meter noch zwei weitere Füchse erlegen. Ein kurzes Telefonat mit Vater musste unterbrochen werden,

16

weil bei ihm ebenfalls ein Fuchs anwechselte. Der Schuss war in der morgendlichen Stille nicht zu überhören. Und so lagen am Ende des Ansitzes vier Füchse, worüber sich der alte Pächter ganz besonders freute. Jetzt blieb nur noch das Geheimnis des Schrotlaufs zu lüften. Sie haben es sicher schon erahnt, was passiert ist. Im 12er Lauf steckte eine 16er Schrote. Der Großvater, der seinem Enkel alles schon vorbereitet hat, hatte beim Befüllen des Patronengurts nicht darauf geachtet, dass er auch 16er Schroten in den Händen hielt. Der Reinigungsstab schaffte es schließlich, die Patrone wieder herauszubekommen. Opa war dieses Missgeschick sehr unangenehm. Ich jedoch hatte ihn umarmt und ihm gesagt, dass ein guter Jäger seine Sachen auch selber packen oder zumindest kontrollieren müsste. Immerhin hatten wir etwas zu lachen, dem Jagderfolg hat es nicht geschadet und es erinnert mich heute noch an meinen Großvater sowie das erste Jagderlebnis, bei dem ich mehr als ein Stück Wild erlegen konnte.

Das erste Wildschwein

Es war Ende Juni, genauer gesagt Samstag, der 25.06.2005, als
sich ein Jägertraum für mich erfüllen sollte. Es war zunächst
wie immer. Freitagnachmittag Ankunft bei den Großeltern,
Abendansitz, Morgenansitz und in Bezug auf Sauen, wie immer: nichts. Ich saß am Samstagmorgen im so genannten
„Grenzen's Holz" an. Vater holte mich im Anschluss ab und
wir gingen gemeinsam zur Kirrung. Die Uhr war umgeworfen
worden und 21.30 Uhr stehengeblieben. Der Jäger weiß durch
diese Konstruktion also, wann die Sauen da gewesen sind. In
einem verschließbaren und nach unten spitz zulaufendem Behältnis, befindet sich eine 24-Stunden-Uhr, die nur läuft, wenn
sie gerade steht. Stellt man eine solche Uhr auf die Kirrung, fixiert sie etwas und legt Mais darum, werden die Sauen beim
sogenannten Brechen das Behältnis umstoßen und die Uhr
bleibt stehen. Nun, durch diese Erkenntnis wurden alle anderen Pläne des Wochenendes sofort über den Haufen geworfen.
Es bestand endlich einmal die Möglichkeit für mich, ein Stück
Schwarzwild zu sehen und auch zu bejagen. Und so blieben
Vater und ich den ganzen Samstag bei den Großeltern. Ich weiß
nicht mehr genau, was wir an dem Tag alles gemacht oder
nicht gemacht haben, aber zumindest konnten wir in Ruhe Vaters neues Gewehr betrachten. Eine Bockbüchsflinte mit einem
variablen Zielfernrohr 2,5 bis 12x56 und Leuchtpunktabsehen.
Das war schon ziemlich spektakulär. Ich hatte mit Vater vereinbart, dass ich mein Gewehr statt seinem in Zahlung gebe und
somit hatte ich seine italienische Bockbüchsflinte im Kaliber
12/70 und 30-06 sowie dem 8x56 Zielfernrohr geerbt. Der Tag
verging und um 18 Uhr schauten wir zusammen das Halbfina-
le im Konförderationen-Cup zwischen Deutschland und Brasi-

lien an. Es war ein gutes Spiel der deutschen Mannschaft und zur Halbzeit stand es 2:2. Der leichte Regen, der die ganze Zeit in Angelroda fiel, ließ uns immer nervöser werden. Schließlich verzichteten wir auf die zweite Halbzeit und gingen deutlich eher raus, nur um ja nicht ein verfrühtes Anwechseln der Sauen zu stören oder sie ganz und gar zu verpassen. Als ich endlich auf der Kanzel saß, überlegte ich, was ich alles in Vorbereitung tun oder lassen müsste, nur um mich ja nicht zu verraten. Oder um zu langsam zu sein oder zu riskieren, daneben zu schießen. Mann, was war ich damals für ein aufgeregtes Nervenbündel. Das ging soweit, dass ich ernsthaft mit dem Gedanken spielte, im Anschlag zu warten, bis die Sauen hoffentlich endlich kommen würden. Den Druck, den ich mir damals selbst gemacht hatte, kann ich heute nicht mehr nachvollziehen. Vielleicht lag es daran, dass ich nun schon über vierzehn Monate Jäger war und bis dato über 10.000 km zurückgelegt hatte, nur um einmal die Chance auf ein Weidmanns Heil auf ein Stück Schwarzwild zu haben. Aber wie auch immer, die Zeit verging und kurz nach 21 Uhr sah ich plötzlich eine Bewegung im Wald. Und da noch eine! Zwei Überläufer, etwa gleich groß, der eine dunkel, der andere hellgrau, bewegten sich unruhig auf die Kirrung zu und versuchten, zunächst die Lage zu prüfen. Doch schon stand das deutlich hellere Schwein mitten auf der Kirrung und der Schuss war bereits raus. So schnell wie sie gekommen waren, waren sie auch beide wieder weg. Ich hatte keinerlei Schusszeichen gesehen und wusste nur soviel, dass der Zielstachel auf der Sau im Moment der Schussabgabe gewesen war. Aber eine Sau, die nicht liegt, zumal wenn es die allererste ist, bringt alle möglichen Zweifel hervor. Vater hatte den Schuss noch nicht einmal gehört, aber er kam sofort nach meinem Anruf und ich wartete unten am Weg bereits voller Ungeduld auf ihn. Ich berichtete wahrheitsgetreu und auf einmal nahm Vater einen Schatten wahr. Gewehr hoch, freihändig gezielt und geschossen. Auf einmal waren überall Sauen zu vernehmen und auch als Schat-

19

ten teilweise zu sehen. Vater hatte gedacht, dass die zweite Sau aus meiner Rotte wieder zurückgekommen sei, es war jedoch eine Bache mit ihren Frischlingen, die gerade auch auf die Kirrung wollten. Ich kann es vorweg nehmen, glücklicherweise hat Vater gefehlt, also daneben geschossen. Das kam nicht oft vor, aber hier waren wir beide äußerst beruhigt, denn die Frischlinge waren vor dem Schuss nicht zu sehen und nicht zu hören. Es begann nun aber immer dunkler im Wald zu werden und der Regen wurde stärker. Am Anschuss jedenfalls war nichts zu finden. Ich konnte doch nicht auf 40 Meter gefehlt haben? Vater vertraute auf mich und seine eigene Spürnase und fand tatsächlich noch einen Tropfen Schweiß. Ich musste also getroffen haben. Aber wo war die Sau? Wir kreiselten, aber nichts war zu finden. Heute würde ich so etwas nicht mehr machen, aber damals war ich so panisch, dass wir sie nicht finden würden und in meiner Verzweiflung wollte ich auf dem Weg die Dickung umlaufen und noch einmal zurücklaufend durchsuchen. Und da, plötzlich lag sie vor mir. Genau da, am Ende der Dickung lag sie. Ich rief nach Vater und eine Tonnenlast fiel von mir ab. Vor uns lag ein Überläuferkeiler von 40 Kilogramm. Der Schuss saß viel zu weit mittig, die Kugel hatte seltsamerweise keinen Ausschuss geschafft und das Einschussloch wurde durch den Darm verschlossen. Nur etwa 80 Meter weit war die Fluchtstrecke. Glücklicherweise, denn das hätte auch deutlich mehr sein können. Am Ende des Tages war ich aber einfach nur noch erleichtert, dass der Bann gebrochen war. Mein erstes Stück Schwarzwild! Auch wenn wir inzwischen triefend nass waren, wir hatten Glück gehabt und alles richtig gemacht. Auch was den Verzicht der zweiten Halbzeit der Fußballübertragung betraf, denn leider ging das Spiel am Ende mit 3:2 verloren.

20

Die Erkenntnis

Meine damalige Frau und ich lebten zu dieser Zeit gemeinsam in einer kleinen Wohnung in Okarben in der schönen Wetterau. Obwohl wir beide aus Erfurt stammten, stand für uns irgendwann fest, dass wir nicht mehr jedes Wochenende zu unseren Familien zurückfahren konnten. Unser Lebensmittelpunkt sollte Hessen werden, auch wenn es uns nicht unbedingt leicht fiel. Den ersten Schritt in diese Richtung machte der Sport. Ich fuhr nachmittags mit meiner Frau auf dem Motorroller zu einem kleinen Basketballplatz, wo bereits gespielt wurde. Ich sah den Jungs zu und war durchaus beeindruckt. Nach einer Weile nahm ich meinen Mut zusammen, sprach die Spieler an und in der Woche darauf erschien ich das erste Mal zum Training in der Sporthalle des TV Okarben. Damit war der Weg geebnet, meinen bisherigen Verein in Thüringen, den TV Elxleben, zu verlassen. Aber nicht einfach Tschüss und weg, sondern ich organisierte an einem Wochenende ein Turnier, an dem neben Basketballfreunden aus der Schulzeit auch meine alte sowie meine neue Mannschaft teilnahmen. Letztendlich wurde ich für die spektakuläre Ablösesumme von zwei Kisten Apfelwein an den TV Okarben verkauft.

Aber was sollte nun mit der Jagd geschehen? In meiner direkten Nachbarschaft in Okarben wohnte ein Jäger, soviel hatte ich schon selbst herausgefunden, aber wie kommt man an diesen Menschen ran? Da mir nichts besseres einfiel, ging ich einfach eines Tages rüber, klingelte und versuchte, mit dem Jäger ins Gespräch zu kommen. Ich sei auf der Suche nach Anschluss und wir unterhielten uns eine Zeitlang über den Gartenzaun. Ihm gehörte ein Jagdrevier um das schöne Büdesheim und wir

21

verabredeten uns für eine gemeinsame Revierfahrt. Danach erhielt ich auch eine Einladung zum nächsten Stammtisch. Dieser fand auf einem kleinen Gartengrundstück mitten im Feld statt und ich lernte viele neue Leute kennen. Ganz entgegen meiner sonstigen Gewohnheit, trank ich an diesem Abend kräftig mit. Drei Obstler und sechs Bier haben mich zum ersten Mal in meinem Leben nachts Richtung Toilette rennen lassen. Am nächsten Tag machte ich einen Spaziergang und holte mein Auto wieder nach Hause. Jetzt war ich schon fast dazugehörig. In einem der ersten Ansitze im neuen Revier konnte ich einen Fuchs erlegen und ich erhielt auch die Freigabe für einen Jährlingsbock.

Es war ein wunderschöner, jedoch noch stockfinsterer Julimorgen, als ich auf der „Waldkanzel am Reiterhof" aufbaumte. Ich sah rechter Hand die Frankfurter Skyline und folgte mit meinem Blick der unglaublichen Zahl an Flugzeugen, die blinkend Richtung Frankfurter Flughafen unterwegs waren.

Als es schließlich dämmrig wurde, konnte ich zwei Stück Rehwild ausmachen. Mit zunehmendem Licht erkannte ich, dass eines davon ein Bock war. Ich hatte viel Zeit, um den Bock zu beobachten und sah nur Spieße. Keinerlei Vereckungen, etwa Lauscher hoch. Nach meinem Kenntnisstand musste das ein Jährlingsbock sein. Als er auf 15 Meter Entfernung breit vorbei zog, war ich mir meiner Sache sicher und der Schuss war heraus. Der Bock lag im Feuer. Ich brach ihn kurz danach auf und brachte ihn stolz zum Nachbarn. Der war aber leider nicht da. Nachmittags ging ich dann zu ihm und schaute in ein weniger freundliches Gesicht. Was war passiert? Der 14 Kilogramm schwere Bock war kein Jährling. Es war ein alter, zurückgesetzter Bock, der auch noch schlecht aufgebrochen gewesen war. In diesem Moment hatte mein Kopf deutlich mehr Röte als die Decke des Bockes. Natürlich hatte ich auch nicht nach den Zähnen geschaut. Er hatte ja nur Spieße, was sollte es anderes sein

22

als ein Jährling? Au weia, das war peinlich. Der Nachbar meinte, dass ich mich völlig vertan hätte, aber da der Bock schon alt und zurückgesetzt war, sprach er mir trotzdem ein Weidmanns Heil aus. Ich entschuldigte mich bei ihm für mein Tun, hätte es aber zu dieser Zeit auch nicht besser gewusst. Ich stand noch immer am Anfang und hatte von der jagdlichen Praxis nur wenig Ahnung. Man nahm mir glücklicherweise meine Unerfahrenheit nicht krumm, aber ich musste für mich feststellen, dass ich noch lange nicht da war, wo ich hätte sein sollen und diese Erkenntnis, vor allem jedoch die Peinlichkeit schmerzte. Sie half mir aber auch, die richtigen Schlüsse daraus zu ziehen und zukünftig bessere Entscheidungen zu treffen.

Der lange Gustav

Im Spätsommer des Jahres 2005 wurde erstmalig in der Familie die Idee diskutiert, ob meine Eltern vielleicht auch nach Hessen ziehen sollten. Beide Söhne lebten inzwischen dort und sowohl mein Bruder als auch meine Frau und ich hatten nichts dagegen einzuwenden. Schließlich nahm die Idee Gestalt an und ich konnte Vater einen Job vermitteln, der meiner Arbeitsstelle direkt gegenüber lag. Im zweiten Schritt musste eine Wohnung gefunden werden. Drei Besichtigungen standen auf dem Tagesprogramm und schließlich fiel die Wahl auf eine kleine Drei-Raum-Wohnung im Karbener Ortsteil Rendel. Es wurde ein Termin mit der Maklerfirma vereinbart und diese bestellte uns für 11 Uhr nach Bergen-Enkheim. Der einzige, der zu diesem Termin nicht pünktlich erschien, war der Vermieter. Mit einiger Verspätung kam er schließlich doch noch, entschuldigte sich und erklärte, dass er nicht rechtzeitig von der Arbeit aus dem Wald fort kam. Aus dem Wald? Es stellte sich heraus, dass der Vermieter selbst Jäger war und während Vater und Vermieter fortan nur noch über die Jagd sprachen, geriet das Hauptthema beinahe in Vergessenheit. Tja, und so kam es, dass meine Eltern nach Hessen zogen und Vater als Sahnehäubchen gleich noch eine Möglichkeit erhielt, im Revier des Vermieters mit zu jagen. Damit aber noch nicht genug des Glückes, es stellte sich schnell heraus, dass auch für mich noch genug Platz zum Jagen in diesem Revier war. Schließlich verabschiedete ich mich mit einem weinenden und einem lachenden Auge von meinem Revier in Büdesheim und war dankbar für die Möglichkeiten, die man mir geboten hatte.

24

Das neue Revier Eichen/Erbstadt war zum damaligen Zeitpunkt etwa 1.600 Hektar groß, mit drei Waldstücken und vielen Feldern mit Hecken, die dem Wild Deckung und abwechslungsreiche Nahrung oder Äsung, wie es der Weidmann sagt, bietet. Noch heute gibt es in diesem Revier Rebhühner, Fasane, die sogar vor dem Auto vertraut her laufen, Hasen und Rehwild in bemerkenswerter Anzahl. Es dauerte natürlich einige Zeit, bis man alles kennengelernt hatte, im Verhältnis ging es jedoch recht flott. Ein Grund dafür war aber auch, dass in diesem Revier ein etwas anderer Wind wehte. Jeden Samstagvormittag war verpflichtend Arbeitseinsatz, und so wurde man zwangsweise relativ schnell vertraut mit diesem riesigen Revier. Apropos riesig, da gab es den „langen Gustav". Eine Kanzel, die mitten im Feld stand und so hoch wie ein Schornstein wirkte. Man musste schon schwindelfrei gewesen sein, um diesen Gustav zu besteigen, aber die Aussicht von dort oben war natürlich atemberaubend. Zwei erfolgreiche Ansitze hatte ich von diesem Sitz und die auch beide im gleichen Sommer. Im Juli konnte ich einen Bock auf 20 Meter erlegen, bei dem man schon steil von oben herab zielen musste. Es war damals kurz nach halb neun Abends und der Bock kam auf dem Weg zwischen zwei Rapsfeldern. Er war mit drei Jahren eigentlich noch zu jung, aber die hohe Zahl des Abschussplanes geisterte durch meinen Kopf und als ich erkannte, dass die linke Stange nur eine ganz kleine verkümmerte Gabelung hatte, da entschloss ich mich zum Schuss. Der Bock wog aufgebrochen 17,5 Kilogramm und noch heute ist er derjenige mit der auffälligsten Gehörnperlung an der Wand.

Das zweite und in vielerlei Hinsicht einprägsamere Erlebnis hatte ich bei einem Morgenansitz auf dieser Kanzel, wobei ich zugeben muss, dass der „lange Gustav" nichts für meine Blödheit konnte. Aber ich war noch einigermaßen jung und dumm und da macht man schon mal den einen oder anderen Unfug mit, von dem man hinterher ein Leben lang geheilt ist. Auf Arbeit kam es zu einer Herausforderung der besonderen Art. Ein Wettessen sollte stattfinden und zwar in einem XXL-Lokal in Hofheim am Taunus. Ich meinte, mich unbedingt mit einklinken zu müssen und so zogen wir schließlich gemeinsam mit unseren Frauen los um herauszufinden, wer nun das Große Schnitzel am schnellsten schafft. Eben jenes Schnitzel war ein Kilogramm schwer, dazu Soße und Pommes frites. Ich war 26 und damals reizten mich noch „sportliche" Herausforderungen. Was soll ich sagen? Ich habe es geschafft, aber bitte fragen Sie mich nicht wie! Einer der drei Herren war so wahnsinnig und wollte auf dem Heimweg noch bei einer Fast-Food-Kette anhalten, um sich noch einen Nachschlag zu genehmigen. Und ich habe mir tatsächlich auch noch ein Eis gekauft, in der Hoffnung, dass es mir helfen würde. Wie es helfen sollte und wie ich auf so eine Idee kommen konnte, weiß ich bis heute nicht. Das Gegenteil war dann der Fall. Wenn etwas bis obenhin voll ist, dann kann es auch nicht weniger werden, wenn man noch mehr zu sich nimmt. Mit mir war auf jeden Fall nichts mehr anzufangen und halb drei morgens klingelte der Wecker, weil ich ja zur Jagd wollte. Das Aufstehen ging sogar noch einigermaßen, aber dann im Auto wurde mir so schlecht, dass ich mit offenem Fenster fahren musste. Geht man in so einem Zustand auf Jagd? Nun gut, ob es mir nun daheim schlecht ging oder auf dem Hochsitz, das war mir dann auch egal. Ich stolperte den Weg hinunter, das Rehwild schreckte, sprang ab und ich ging nicht gerade geräuscharm die Leiter hoch und oben in die Kanzel rein. Und als ich mich hingesetzt hatte, traute ich meinen Augen kaum. Da lag der Fuchs auf dem Weg und schlief. Was wollte ich machen? Ich ging in den Anschlag und wartete, dass der Fuchs hoch machen würde. Fast eine Stunde saß ich im Anschlag, mir ging es verdammt dreckig, aber ich wollte mich nicht geschlagen geben. Und es kam, wie es kommen musste, der Fuchs machte hoch, ich schoss und fehlte. Weg war

26

der Fuchs. Ich wusste nicht, ob ich lachen oder heulen sollte. Aber nur kurze Zeit später kam ein anderer Fuchs des Weges und diesen konnte ich auf 75 Meter erlegen. Eine halbe Stunde später, es war kurz vor sechs, kam noch ein weiterer Fuchs, und diesen konnte ich auf 105 Meter erlegen. Alles persönlich abgeschritten. Ich war froh und erleichtert, dass mir Diana noch hold gewesen war und ich für die qualvolle Stunde im Anschlag belohnt wurde. Nur war mir eins klar, nie wieder ein solches Wettessen. Erst am späten Abend habe ich einen einzigen Keks gegessen. Geschmeckt hatte der aber auch noch nicht.

Die Zecke

Es waren nun schon fast zwei Jahre vergangen, seitdem ich mein erstes Wildschwein erlegen konnte, und in dieser Zeit hatte sich meine persönliche Streckenanzahl dieser Wildart auf beachtliche zwei Stück erhöht. Woran hatte es gelegen? Ganz einfach. Jedes Mal, wenn ich da war, waren die Sauen woanders und umgekehrt. Da sie immer nur als Wechselwild auftraten und nie wirklich als Standwild, musste man schon sehr viel Glück oder ein richtig gutes Bauchgefühl haben. Und so ergab es sich, dass ich nur ein einziges Mal im Oberwald die Bestätigung für Sauen an der Kirrung hatte und noch am gleichen Abend ansitzen konnte. Es lag Schnee, was in der Wetterau auch schon zu einer Ausnahme geworden war und so saß ich Anfang Februar auf der „Schmidgekanzel" und wartete. Ich bemerkte, dass der Wind nicht gut war. Nicht gut war leicht untertrieben. Der Wind drückte von hinten genau auf die Kirrung. Eigentlich ist das die Zeit, nach Hause zu gehen, aber ich bildete mir ein, dass ich schon schnell genug wäre, um trotzdem erfolgreich zu sein. Und manchmal finden auch die weniger gut sehenden Hühner ein Korn. Um 21 Uhr wechselten mich von vorn drei Überläufer an und kamen direkt auf die Kirrung zu. Ich wagte kaum noch zu atmen in der Hoffnung, die Zeit zu bekommen, die es für den Schuss brauchte. Und so setzte ich mich selbst derartig unter Druck, dass der Schuss schnell und unplatziert draußen war. Die Bühne war natürlich leer und die Selbstzweifel waren da. Am Ende des Tages lag dann doch ein 28 Kilogramm schwerer Überläuferkeiler, der weidwund, also mittig im Körper beschossen, noch 70 Meter gegangen war. Auch hier war es eigentlich nur die pure Erleichterung als wirkliche Jagdfreude

28

und es sollte noch einige Jahre dauern, bis ich endlich ruhiger wurde, wenn irgendwo Sauen in Anblick kamen.

Aber wie schon angedeutet, waren nun zwei Jahre seit der ersten Sau vergangen und so ergab es sich, dass Vater und ich Ende Mai des Jahres 2007 wieder zusammen im schönen Eichener Revier unterwegs waren. Und bei unserer nachmittäglichen Revierfahrt stellten wir im Unterwald plötzlich fest, dass die Sauen da gewesen waren. An mehreren Stellen sogar. Wir brachten noch ein wenig Mais aus und beschlossen zusammen anzusitzen, notfalls bis zum Morgen. Die Nächte waren Ende Mai ohnehin nicht lang und außerdem waren wir auch schon über den zunehmenden Halbmond hinaus, so dass sehr lang noch genug Licht da sein müsste. Also los. Bis dahin hatte ich noch nie eine ganze Nacht auf dem Hochsitz verbracht und ich hoffte auch, dass es diesmal nicht notwendig werden würde. Um 20 Uhr besetzten Vater und ich jeder einen Hochstand und ich hatte mich für die „Dicken Steine" entschieden. Umgeben von hohen Bäumen zu drei Seiten und einem dichten, jungen Buchenbestand zum Weg hin, lag ein etwa fußballfeldgroßes Grasstück vor mir. Hier und da lagen umgeworfene Baumstämme und in einer kleinen Senke hatte sich eine natürliche Suhle gebildet. Ein schönes Fleckchen Erde und wie für Sauen gemacht. Die geschlossene Kanzel war für mich und meine 1,88 Meter recht eng, aber es würde schon irgendwie gehen. Vielleicht kamen die Sauen ja gleich zu Beginn der Abenddämmerung. Nein, sie kamen nicht zu Beginn der Abenddämmerung, auch nicht in der tiefsten Dämmerung und auch bis Mitternacht war nichts zu sehen und zu hören. Vier Stunden befand ich mich jetzt schon in dieser Sardinenbüchse und konnte weder stehen noch sitzen und schon gar nicht liegen. Ich hatte mich so sehr auf diesen Ansitz gefreut, aber jetzt war ich hundemüde und wollte nur noch in mein Bett. Aber da saß ja noch der Vater draußen und musste genauso warten und sitzen wie ich. Wir

29

waren außerdem zusammen mit einem Auto gekommen und er hatte den Schlüssel. Ich konnte mich also noch nicht einmal heimlich ins Auto davon schleichen. Wer hatte nur diese Idee gehabt, die ganze Nacht draußen zu bleiben? Ich konnte aber auch nicht runter von der Kanzel und ein wenig pirschen gehen. Erstens war ich viel zu übermüdet und das Wort Pirschen hätte eine völlig neue Definition erhalten und zweitens, was wäre, wenn die Sauen in dem Moment kämen, wenn ich weg bin? Also durchhalten. Egal wie, durchhalten. Ich versuchte im Sitzen ein wenig zu schlafen, aber mehr als ein vor sich hin Dösen war das nicht. Die Zeit verging noch langsamer als damals im Schützengraben bei der Bundeswehr und da war der Uhrzeiger schon wie eingefroren gewesen. Konnte es nicht einfach jetzt beim Vater knallen? Sollte er halt Weidmanns Heil auf eine Sau haben und ich mal wieder nicht, aber das war mir inzwischen alles so was von egal geworden. Bitte Papa, erlöse mich! Aber es fiel kein Schuss. Und irgendwann geht schließlich auch einmal die längste Nacht langsam zu Ende. Es wurde dämmrig. Und als gerade genug Licht da war, um etwas zu erkennen, da bemerkte ich auf meiner linken Hand einen schwarzen Punkt. Was war das? Ich bekam das nicht weggekratzt und auch nicht weggezogen. Eine Zecke! Die allererste in meinem Leben. Auch das noch. Und jetzt? Ich hatte mich noch nie mit Zecken befasst und wusste demzufolge nicht, ob ich mich nun schon in Lebensgefahr befand oder ob mir noch ein bisschen Zeit bleiben würde. Ich erinnerte mich, dass Mutter und Vater schon öfter Zecken an sich selbst gefunden hatten und da sie noch gesund und munter waren, beschloss ich, sitzen zu bleiben und zu warten.

Abgelenkt durch diese tödliche Bedrohung, verging die Zeit wieder schneller. Es war inzwischen schon nach fünf Uhr und plötzlich vernahm ich vor mir ein Geräusch und sah ein Wildschwein im Gras. Ich nahm das Gewehr hoch und sprach einen

30

Überläufer durch das Zielfernrohr an. Und da sah ich plötzlich um diesen Überläufer herum noch mehr Grashalme wackeln. Kurz darauf konnte ich insgesamt fünf kleine Frischlinge ansprechen. Ich war sehr froh über die Geduld, die mir an diesem Morgen zu eigen war. Aber dieser Anblick, dieses Erlebnis, sollte noch nicht alles gewesen sein. 30 Meter weiter links, am entferntesten Eck der Wiese, sah ich mit einem Mal einen weiteren Überläufer sowie einen Frischling, der größer war als die anderen. Ich überlegte, ob der Frischling zu diesem Überläufer dazugehörte und versuchte ihn zunächst geschlechtsseitig anzusprechen. Aber da hatte sich der Frischling plötzlich abseits vom Gras breit gestellt und schon waren alle Überlegungen hinfällig. Nach dem Knall sah ich nur sieben Wildschweine flüchten. Ich lud nach und wartete. Nichts passierte. Sollte das Stück wirklich im Feuer liegen? Wenn, dann konnte ich es nicht sehen, da es hinter einem Baumstamm liegen würde. Jetzt durfte ich aufstehen. Ich weiß nicht, wie lange es gedauert hat, bis ich vom Sitz herunter war, aber ich hatte schon mal einen Eindruck bekommen, wie es sich wohl als alter Mann einmal anfühlen wird. Als Vater kam, war ich schon wieder einigermaßen beweglich geworden. Zuerst musste er mich, mit der im Auto liegenden Zeckenkarte, von meinem neuen Mitbewohner befreien. Danach gingen wir zusammen die 80 Meter zum Anschuss und fanden dort einen 15 Kilogramm schweren Frischlingskeiler, der den Knall nicht mehr vernommen hatte. Am Ende hat dieses Jagderlebnis die Strapazen der Nacht natürlich aufgewogen und die Erinnerung daran blieb für mich sehr lange Zeit allgegenwärtig, denn die Stelle, in der die Zecke gesteckt hatte, war noch über zehn Jahre danach sichtbar geblieben.

Das Geburtstagsreh

Inzwischen waren wieder anderthalb Jahre vergangen und nun, im Jagdjahr 2008/2009, gehörte erstmalig der Revierteil Erbstadt nicht mehr dazu. Von den 1.600 Hektar waren nun „nur noch" 900 Hektar übrig geblieben. In Summe natürlich immer noch mehr als genug jagdbare Fläche, dennoch fiel uns der Abschied vom Hainwald und Umgebung schwer. Das Gebiet ist relativ abgelegen gewesen und man kam damals noch nicht so oft mit den Unliebsamkeiten in Kontakt, die man heutzutage in einem Revier zu tolerieren hat. Sie verstehen sicher, was ich meine. Jeder hat das Recht auf die Natur und den Wald und das soll auch so sein. Nur ein Mensch, der in der Natur unterwegs ist, kann diese auch schätzen lernen. Aber die Rücksichtnahme unserer Gesellschaft gegenüber dem Wild und der Natur lässt oftmals sehr zu wünschen übrig. E-Bike-Fahrer, die im tiefsten Dunkel mit ihren Rädern durch den Wald fahren, Spaziergänger, vor allem Hundespaziergänger, die nach Sonnenuntergang noch ihre Runde drehen wollen, um nur zwei gravierende Beispiele aufzuzählen. Wir leben in einem freien Land und darüber sollten wir alle sehr froh sein. Aber in unserem Land funktionieren Vernunft und Eigenverantwortung nur in sehr geringem Maße. Deshalb wäre in meinen Augen ein Gesetz von Nöten, welches dem Bürger nur gestattet, die Natur von einer Stunde nach Sonnenaufgang bis eine Stunde vor Sonnenuntergang zu betreten. Damit würde jedem immer noch genug Zeit bleiben und die Natur sowie die Jäger hätten die Ruhe vor dem Menschen, die es benötigt. Aber wenn ich schon einmal beim Kritisieren bin, es sind nicht nur die Besucher das Problem. Einige Waldbesitzer sollten sich in Grund und Boden schämen, wie sie mit „ihrem" Wald umgehen. Was ich schon für kaputte

Abdeckplanen aus Plastik und sonstigen Müll gefunden habe, das ist einfach nur inakzeptabel. Die Metallzäune ehemaliger Schonungen, die mittlerweile ins Erdreich eingewachsen sind, hier und da aber als scharfkantige Stolperfallen aus dem Boden herausragen, das darf doch nicht sein! Jetzt stellen Sie sich mal vor, ein Reh flüchtet im Dunkeln durch den Wald und bleibt darin hängen, am besten noch aufgeschreckt durch nächtliche Radfahrer, da bekomme ich Röte ins Gesicht, um es einmal ganz vorsichtig zu umschreiben. Wir sollten uns alle einmal hinterfragen, was unser Tun für Auswirkungen auf die Natur hat. Wenn jeder seinen kleinen Teil dazu beitragen würde und auch die Jäger beispielsweise die verschossenen Patronenhülsen wieder mit nach Hause nähmen, dann wären wir einen großen Schritt weiter. Sehen Sie es mir nach, dass ich etwas abgeschweift bin, aber das musste jetzt einfach mal raus.

Nun, um noch einmal in die Vergangenheit nach Erbstadt zurückzukehren, es waren zwei sehr schöne Jahre in und mit diesem Revierteil. Das Tagebuch wies insgesamt zwölf Jagderfolge aus, unter anderem den letzten Hasen, den ich auf einer Hasenjagd erlegen konnte. Insgesamt waren es sowieso nur sechs Hasen, die ich in meinem Jägerleben zur Strecke bringen konnte, aber einer von diesen sechs, blieb besonders in Erinnerung. Fünf Jäger, zwei Hunde und ein Rapsfeld. Zwei Mann gingen im Bogen voraus und sollten alle nach vorn flüchtenden Hasen abfangen. Aber die drei übrig gebliebenen Herren gingen viel zu früh los und so sah ich bereits einen Hasen kommen, als wir noch gar nicht in Position waren. Ein 25-Meter-Sprint meinerseits über den Sturzacker und ein hingeworfener Schuss ließen den Hasen rollieren. Glück oder Können, ich weiß es bis heute nicht wirklich, aber es war das schönste Hasenjagderlebnis in meinem Leben.
Und jetzt gab es „nur noch" den Revierteil Eichen. Neben diesem Verlust, hatte ich zu dem Zeitpunkt auch einen persönli-

chen zu verkraften und so war ich im Januar des Jahres 2009 wieder Single. Mein Geburtstag fiel dieses Jahr auf einen Samstag und was macht man als Jäger, wenn man frei und ohne Verpflichtung ist? Man geht auf die Jagd. Vater und ich gingen zum morgendlichen Ansitz raus, jedoch gab es keinen Anblick. Zum nach Hause gehen, hatten wir jedoch beide noch keine Lust und so fuhren wir noch einmal in den Unterwald. Vater weihte mich in seine Pläne ein und los ging es. Der Unterwald war am Rande durch den Fluss Nidder begrenzt und so verlief sich praktisch in diese Ecke des Revieres kaum mal ein Mensch. Es hatte noch etwas Urtümliches, abgesehen von der Eisenbahnstrecke, die genau da hindurch lief. Vaters Plan ließ mich leise in Richtung der dort befindlichen „Wolfgang-Beck-Kanzel" gehen. Die war hoch, allseitig offen und man hatte eine tolle Sicht, zumindest im Winter. Kaum hatte ich gesessen, da klingelte mein Handy. Mist, ich hatte vergessen, es wieder leise zu stellen. Es war ein Arbeitskollege, der mir zum Geburtstag gratulieren wollte und erst nicht verstanden hat, warum ich so flüsterte. Er lachte, ich bedankte mich und stellte schnell erst einmal das Telefon stumm.

Und was machte der Vater? Er tarnte sich als Pilzsammler und begann leise auffällig durch den Wald zu gehen. Seine Idee war, das Wild auf vorsichtige Art hoch zu machen und langsam in meine Richtung zu drücken, ohne dass es im Tiefflug durch den Wald käme. Nachdem das Telefon nun da war, wo es auf einer Jagd hingehört, nahm ich mein Gewehr in die Hand und legte es auf der Brüstung auf, in die Richtung, aus der Vater kommen musste. Und es dauerte auch gar nicht lange, da vernahm ich Geräusche durch anwechselndes Wild. Es waren drei Rehe, alle gleich groß und eines davon ein Bock. Ohne ein akkustisches Zutun meinerseits, verhofften plötzlich alle drei Stücke 20 Meter vor dem Sitz. Ich konnte einem der weiblichen Stücke einen Blattschuss antragen, der es im Knall verenden ließ. Kurz darauf erschien der Pilzsammler. Ich umarmte meinen Vater und

34

bedankte mich für dieses bis heute einmalige Geburtstagsgeschenk. Ich brach das Stück auf. Mit dem Schützenbruch sowie dem letzten Bissen, zur Ehrung des erlegten Stückes im Gepäck, verließen wir den Wald. Das Reh wog 19 Kilogramm und bedeutete damals für den Unterwald Rekord. Mein Arbeitskollege gratuliert mir auch heute noch zum Geburtstag und seine erste Frage am Telefon ist immer die, ob er mich gerade auf dem Hochsitz erwischt. So werde ich Jahr für Jahr an mein Geburtstagsreh erinnert.

Was lange währt, wird endlich gut

Es war nun schon Sommer im Jahre 2009. Bis dahin war es ein sehr besonderes Jahr für mich gewesen. Auf Arbeit lief es hervorragend und im letzten Basketballspiel der Saison verhinderten wir den Abstieg. Daran war ich auch nicht ganz unschuldig. Ich war fit wie noch nie, lief in meinem ersten (und bis heute einzigen) 10-Kilometer-Lauf eine Zeit von unter 52 Minuten und zu guter Letzt war ich frisch und bis über beide Ohren verliebt. Nur mit der Jagd wollte es nicht mehr funktionieren. Zunächst hatte mich das auch überhaupt nicht gestört, denn erstens hat jeder mal eine „Saure-Gurken-Zeit" und zweitens war ich ja mit Glückshormonen zugeschüttet. Irgendwann fing es aber dann doch an, ein bisschen an mir zu nagen.

Ich war in den letzten Jahre ziemlich verwöhnt worden, nun konnte ich mich hinsetzen wo ich wollte, es sollte einfach nicht klappen. Entweder kam nichts oder das „falsche", oder ich konnte einfach keinen Schuss anbringen. Zweieinhalb Monate ging das nun schon und irgendwann nahm ich es nur noch mit Galgenhumor. Aber was lange währt, das wird auch irgendwann einmal gut und so bedurfte es eines seltenen Umstandes, der das Jagdglück zurück brachte. Meine Mom war mitgekommen. Mom war und ist eine der Frauen, die es braucht, um die Jagd mit Leidenschaft leben zu können. Geduldig, verständnisvoll und immer hilfsbereit. Aber sie ging nur selten mit hinaus, höchstens einmal im Sommer oder wenn es die Temperaturen im Herbst noch zuließen und die Kraniche am Himmel zu sehen oder zu hören gewesen waren. Sie war an dem Abend auch nicht bei mir gewesen, das ließ der Ein-Mann-Sitz an der Obstplantage vor dem Oberwald auch nicht zu, aber ich freute mich, dass sie bei Vater mit an Bord war. Und siehe da, plötzlich war das Jagdglück wieder da. Es wechselte aus dem Oberwald noch bei sehr gutem Licht ein junger Gabler, der nach kurzer Betrachtung als jagdbar angesprochen wurde. Der Bock zog in meine Richtung, der Wind passte hervorragend und auf 80 Meter konnte ich ihm einen Blattschuss antragen, der ihn im Knall verenden ließ. Mutter und Vater brachen ihren Ansitz dann ab und kamen zu mir, um Weidmanns Heil zu wünschen und bei der sogenannten roten Arbeit zu assistieren. Der Gabler wog aufgebrochen 15 Kilogramm und auch wenn es ein eher unspektakuläres Jagderlebnis gewesen ist, so blieb es mir in besonderer Erinnerung, denn es war bis heute das einzige Mal, dass die Mutter bei einem meiner Jagderfolge mit dabei war. Und wer weiß, vielleicht würde ich heute noch immer erfolglos ansitzen, wäre sie damals nicht dabei gewesen.

Aber es war nicht das einzige Jagderlebnis in diesem Jahr, das den Titel des Kapitels verdient hat. Drei Wochen, nachdem der Bock zur Strecke kam, saß ich wieder im Oberwald an, auf einer kleinen Kanzel „an den Fuchsbauten". Persönlich habe ich dort nie einen Fuchs angetroffen. Dafür war dieses Labyrinth ein Eldorado für Dachse und Waschbären. Diese kleine Kanzel stand im Hang und direkt davor hangabwärts sowie zur rechten Seite befanden sich Ein- und Ausgänge der Bauten in großer Zahl. Mitte August saß ich also schon frühzeitig an und schließlich stand plötzlich und ohne ein Geräusch verursacht zu haben, ein Dachs da, wie hin gezaubert. Ich nahm das Gewehr vorsichtig hoch, zielte und wartete. Ich wollte den Dachs etwas vom Baueingang weg haben, da mir der letzte noch in den Bau entwischt war, trotz tödlichen Schusses. Und so wartete ich mit klopfendem Herzen, denn wenn der Dachs einmal in Bewegung ist, dann kann er auch ganz schnell für immer weg sein. Aber Diana war mir hold und so konnte ich dem Dachs auf 35 Meter mit der 30-06 einen Schuss anbringen, der ihn an die Stelle bannte. Der Dachs wog sieben Kilogramm und beim Durchblättern des Tagesbuches stellte ich fest, dass es inzwischen schon vier Jahre her war, seitdem ich den letzten Dachs erlegen konnte.

Mit dem Fuchs verhielt es sich ähnlich. Nur war mir dies viel bewusster als beim Dachs, da in Eichen immer ein besonderes Augenmerk auf die Erlegung der Füchse gerichtet wurde. Ich wusste schon beinahe gar nicht mehr, wie ein Fuchs aussah. Und es lag auch nicht an meinen Schießfähigkeiten, ich hatte einfach keinen Anlauf mehr auf einen Fuchs. Aber in diesem Jahr sollte nun wirklich alles wieder gut werden, was lange währt. Fünf Wochen nach der Erlegung des Dachses saß ich wieder im Oberwald, am sogenannten „Gulmer" und wartete des Morgens, dass die Sonne aufgehen würde. Und welch Überraschung, die Sonne ging auf. Mit inzwischen nichts mehr rechnend, saß ich da und sah auf etwa 100 Meter plötzlich eine Bewegung. Ein Fuchs! Gewehr vorsichtig hoch, eingestochen, zielend… Keine Chance zu schießen. Der Fuchs schnürte immer weiter auf mich zu und ich wurde immer nervöser. Schließlich stand er zehn Meter vor mir und ich hatte eingestochen. Sollte ich den Kugelschuss auf die kurze Entfernung riskieren oder sollte ich den Schrotlauf abfeuern und die Kugel damit auch? Nach kurzem Disput zwischen Engel und Teufel, entschied ich mich für den Kugellauf und zielte dahin, wo meiner Meinung nach der Schuss auf die kurze Entfernung auftreffen müsste. Ich sollte Recht behalten, denn der Fuchs vernahm den Knall nicht mehr. Ich war sehr erleichtert und überglücklich, auch diesen persönlichen Bann gebrochen zu haben, denn beim Eintragen in das Tagebuch zeigte es sich, dass die letzte Erlegung eines Fuchses schon fast drei Jahre her war.

Neues Revier – neues Gewehr

Es war die Liebe, die mich weg von der Wetterau in den Odenwald gebracht hatte. Meine zukünftige Frau lebte auf einem
Bauernhof, dessen Familienchronik sich bis ins 16. Jahrhundert
zurückverfolgen ließ. Aufgrund dieser starken Verwurzlung,
blieb unserer Liebe nur die eine Möglichkeit: ich musste zu ihr
ziehen. Und so kam es, dass mich mein Lebensweg in den mir
bis dahin unbekannten Odenwald führte. Ich habe es später immer mein Paradies genannt, denn für mich war es der schönste Ort, an dem ich bis dahin gelebt habe. Umgeben von Wald
und Wiesen, relativ abgeschieden, war es ein ruhiger und idyl-
lischer Ort, mit Ausnahme vielleicht der Motorradfahrer und
sonstigen Sternfahrern, die durch das Tal knatterten.

Meine jagdlichen Aktivitäten wurden aufgrund der großen
Distanz zwischen Wetterau und Odenwald immer geringer und
so nahm ich eines Tages meinen Mut zusammen und sprach
den Nachbarn an, der im hiesigen Revier als Jagdaufseher fun-
gierte. Und so war ich wirklich sehr erfreut, als ich am ersten
Mai zum ersten Mal mit ansitzen durfte und anschließend wurde ich dem Jagdpächter vorgestellt. Es war eine sehr angeneh-
me Unterhaltung im beeindruckenden Jagdhaus des Pächters
und ich war sehr glücklich, als man mich aufnahm und ich einen Begehungsschein ausgestellt bekam. Von nun an durfte ich
in einem knapp 800 Hektar großen Revier auf die Jagd gehen,
in dem sogar Rotwild vorkam. Aber, aller Anfang ist schwer
und so hatte ich wiederholt auf einen Fuchs gefehlt. Das war
mir nicht nur peinlich, sondern auch damals nicht erklärbar,
da die Probeschüsse auf der Scheibe immer gut saßen. Zu guter
Letzt stellte sich heraus, dass es eine Beschädigung innerhalb

des Zielfernrohres gab. Und was nun? Reparatur oder Investition in ein anderes Gewehr? Ich durfte Vaters Büchse mit dem Leuchtpunktzielfernrohr ausleihen und schon konnte ich am Falkenberg um die Sommersonnenwende einen Fuchs abends halb elf erlegen. Die Last, die von mir abfiel, war schon sehr deutlich zu spüren.

Beflügelt durch dieses Erlebnis, ging es am nächsten Morgen nach nur sehr wenig Schlaf wieder raus und ich saß auf der „Riese Höh". Ich schaute also in der Dämmerung hinunter auf mein neues Zuhause und um 4.35 Uhr kam auf 90 Meter ein Fuchs heran, den ich ebenfalls im Feuer an den Platz binden konnte. Zwei Jungfüchse, und das innerhalb von wenigen Stunden. Ich konnte mich wieder sehen lassen. Besonders in Erinnerung ist mir der morgendliche Schuss geblieben. Das Echo des Knalls sprang mehrfach zwischen den Bergen hin und her. Ein gewaltiges Erlebnis. Allerdings wurde mir dadurch auch klar, was ich für dieses Jagdrevier mit Rotwild als Standwild eigentlich haben müsste, nämlich ein Gewehr mit einer großen und einer kleinen Kugel. Und dieses variable Zielfernrohr mit dem Leuchtpunkt, so etwas wollte ich auch haben. Nun ja, wünschen kann man sich vieles, aber woher das alles bekommen und was soll das kosten? Zu dem Zeitpunkt glaubte ich schon nicht mehr an den Weihnachtsmann, aber es sollte ihn wohl noch geben.

In meinem Fall wurde er von einem Händler in Bad Marienberg verkörpert, der einen Suhler Drilling im Kaliber 16x70, 7x65R und einem .22 Hornet Einstecklauf anbot. Das Zielfernrohr 6x42 war zwar nicht das richtige, aber ich wusste sofort, dass diese meine Waffe werden musste. Und obwohl ich eigentlich ungern hier über Geld sprechen möchte, so war mit 1.750 Euro dieses Gewehr das Angebot meines Lebens. Ich fuhr mit Vater zusammen nach Bad Marienberg und konnte den Drilling tatsächlich

40

erwerben. Und wenn man schon einmal beim Geldausgeben war, so kaufte ich mir noch ein Zielfernrohr 3-12x56 mit Leuchtpunkt von einem namhaften tschechisch-amerikanischen Hersteller. Das Gewehr bekam eine Schwenkmontage aufgebaut, wurde eingeschossen und mit den Worten versehen, dass man noch keinen Drilling erlebt hat, der so gut zusammen schießen würde. Die Zielscheibe bestätigte dies.

Mit einem für mich perfekten Werkzeug konnte ich nun also ruhigen Gewissens dem Weidwerk nachgehen und begab mich auf eine jagdliche Abenteuerreise, die am 23.10.2010 ihren ersten Höhepunkt haben sollte. Ich saß an der Kirrung am „Falkenberg" auf Sauen an. Dort stand eine fast zehn Meter hohe Leiter im Hang, die ich Ihnen versuchen möchte genauer zu beschreiben. Sie hatte vier Holme, ein Dach, im Sitzbereich rundherum vier Auflagen und man ging von unten diagonal die Stufen hinauf die direkt in der Leiter endeten. Oben angekommen griff man hinter sich, klappte das Sitzbrett um und man saß sozusagen direkt über dem Abgrund. Ein gewöhnungsbedürftiges Gefühl, aber man hat auf diesem Typ Leiter unglaublich gut gesessen. Der Berg war in etwa so steil, dass man auf 40 Meter Entfernung wieder ungefähr auf einer Linie mit dem Waldboden war. Und so saß ich an jenem Abend schon eine ganze Weile, der Mond schien hell durch die Bäume hindurch und es passierte gar nichts. Traditionell half ich meinem Schwiegervater samstags auf dem Hof oder im Wald, war also praktisch den ganzen Tag schon an der frischen Luft gewesen und merkte zunehmend die Müdigkeit sowie auch langsam die Kälte. Bis 23 Uhr wollte ich durchhalten, dann hätte ich vier Stunden bei -3°C gesessen. Wenn bis dahin nichts gekommen wäre, hätte ich mit ruhigem Gewissen ins warme Bett gekonnt. Also, nur noch fünf Minuten. Aber dann, mit einem Mal hörte ich sie anwechseln und schon waren sie mitten auf der Kirrung. Das Zittern vor Kälte wandelte sich in Zittern vor Aufregung.

42

Zum Glück hatte ich ja eine perfekte Auflage. Ich sprach eine Rotte von sechs Sauen an, bestehend aus einer Bache und fünf Frischlingen. Jetzt musste ich nur noch einen Frischling frei bekommen. Aber das war viel leichter gedacht als getan. Die Schatten der Bäume haben nur einige Stellen auf und um die Kirrung zugelassen, in denen man einen Frischling sauber ins Zielfernrohr hätte bekommen können.

Klar, die Bache hätte ich auch im Schatten erlegen können, die war deutlich sichtbar, aber die Frischlinge, vor allem deren unstetes Gewusel, begann mich verrückt zu machen. Ich saß an einer Kirrung bei Mondlicht, hatte die Sauen vor mir und konnte nicht schießen. Das körperliche Zittern lag inzwischen wieder an der Kälte und ich begann innerlich zu fluchen. Immer wieder versuchte ich, die Hände kurz zu wärmen, nur um ja schnell wieder schussbereit zu sein, denn jetzt die alles entscheidende Chance zu verpassen, dann hätte man mich durchs ganze Tal gehört. Aber es sollte nicht sein. Ich bekam keinen Frischling frei und war ganz kurz vor dem Aufgeben. Ich war steif gefroren und konnte auch nicht länger im Anschlag hocken. Aber da, da stand plötzlich ein Frischling frei! Der Knall des Schusses überraschte mich selber. Die Bühne war leer, es war nichts zu hören und ich konnte nichts auf der Kirrung liegen sehen. Ich schaute auf die Uhr. Es war inzwischen 0.10 Uhr. Eine Stunde und fünfzehn Minuten hatte ich im Anschlag gesessen. Aber was jetzt? Ich rief den Jagdaufseher an und zu meiner Freude war er noch nicht im Bett und wollte sofort kommen. Inzwischen zitterte ich gleichermaßen vor Kälte wie auch vor Schwarzwildfieber. Als der Nachbar eintraf, sind wir zur Kirrung hin und fanden zunächst im Lampenschein nichts. Doch da war plötzlich Schweiß, Lungenschweiß. Ich hatte getroffen. Wir verfolgten vorsichtig die angenommene Fluchtfährte der Sauen, fanden noch einmal Schweiß und nach wenigen Metern standen wir zusammen vor dem verendeten Frischling. 17 Kilogramm brachte dieser aufgebrochen auf die Waage. Ich

43

hatte mir mein erstes Odenwälder Wildschwein hart verdient. Darauf mussten wir unbedingt noch einen Weidmanns-Heil-Schnaps trinken. Danach konnte ich endlich in das ersehnte warme Bett und den bevorstehenden Sonntag ganz in Ruhe genießen.

Sauen kommen nicht bei Tageslicht

Das erste Jagdjahr in Ober-Sensbach gehörte nun schon der Vergangenheit an. Ich war mit meiner eigenen Jagdleistung zufrieden. Zu dem Frischling konnte ich noch vier Füchse erlegen und hatte keinen Fehlschuss gehabt oder eine Nachsuche verursacht. Trotzdem war ich in meinem neuen Revier noch nicht richtig angekommen. Es war nicht leicht für mich, zwischenmenschlich Fuß zu fassen. Vielleicht lag das auch an meiner Art, die möglicherweise zu offen, zu naiv war und ich vielleicht auch das eine oder andere Fettnäpfchen nicht ausgelassen habe, aber es prallten hier schon zwei sehr unterschiedliche Welten aufeinander und es dauerte noch eine ganze Weile, bis ich mich akzeptiert gefühlt habe. Aber auch aus Unterschieden kann man sehr viel lernen und ich habe mir damals durch meinen Nachbarn und Jagdaufseher noch sehr viel Wissen über die Jagd aneignen können. Vieles von dem, was ich heute weiß, habe ich von ihm erlernt und auch wenn wir es anfangs sicher nicht leicht miteinander hatten, so haben wir uns im Laufe der Jahre gegenseitig zu schätzen gelernt. Aber, am Anfang war halt vieles schwierig.

Ich erinnere mich lebhaft an ein Gespräch, indem wir uns über eine Vielzahl an Investitionen für das Wild, wie das Anlegen von Suhlen oder Wildäckern, unterhielten. Diese hatten bis dahin jedoch kaum Wirkung gezeigt, aber für mich war klar, dass das sensationell werden musste und so sprach ich begeistert und für meinen Nachbarn wohl ziemlich realitätsfern vom Anblick des Schwarzwildes bei Tageslicht. Mir wurde genervt erwidert: „Martin, in Sensbach kommen die Sauen nicht bei Tageslicht!" Dieser Satz hat sich in meine Erinnerung eingebrannt. Jedenfalls diskutierte ich nicht weiter und ließ die Sache auf sich beruhen. Bereits am 05.05.2011 saß ich auf der Minikanzel an der „Sensbacher Höhe". Genau dort, wo ich zum allerersten Mal vor einem Jahr ansitzen durfte. Minikanzel ist nicht despektierlich gemeint, sie hatte tatsächlich nur drei Leitersprossen, aber man hatte genug Platz auf ihr. So klein wie der Sitz war, so lang war dafür der Pirschpfad bis dorthin. Ich habe diesen jedoch immer gern gefegt, also von Blättern, Ästen und Zapfen befreit, um geräuschlos bis zur Leiter zukommen. Ich saß also an besagtem Abend an, um - wonach auch immer - Ausschau zu halten. Es war noch recht hell und ein schöner, sonniger Tag ging zu Ende. Vor dem Sitz querte ein unbenutzter Waldweg und dann ging es bergab. Der Jungwuchs war noch sehr niedrig und in etwa 80 Meter Entfernung stand ein kleiner Baumstumpf, der als Salzlecke diente. Dahinter befand sich, schon deutlich höher gewachsen, Fichtenwald. Wenn dort ein angeschossenes Stück hineinflüchtet, dann Prost Mahlzeit. Aber was sollte schon kommen? Es passierte bis kurz vor 21 Uhr nichts. Auf einmal sah ich im Augenwinkel einen schwarzen Schatten. Das war doch eine Sau. Oder? Da, bestätigt, ein dunkles einzelnes Wildschwein, das durch den Jungwuchs kam. Wo würde es raustreten? Gewehr durch das linke Fenster, Leuchtpunkt an, einstechen, entsichern… Da war es! Im Zielfernrohr konnte ich auf die 30 Meter Entfernung in Bruchteilen einer Sekunde einen starken Überläuferkeiler ansprechen. Er hatte den Weg gerade überquert und wollte den Hang hochziehen, da war der Schuss auch schon draußen und nach kurzem Schlegeln war Stille eingekehrt. Ich wurde vom Jagdfieber erfasst und ziemlich durchgeschüttelt. Aber das war mir egal. Hinterher ist auf jeden Fall besser als vorher, denn nach dem Schuss ist es egal, ob der Sitz vom Zittern des Schützen ins Wackeln gerät, vorher ist das für eine sichere Schussabgabe eher kontraproduktiv. Ich war sehr erleichtert, dass die Sau lag, denn mit über 60 Kilogramm war der Überläufer recht stattlich und mir stand nicht unbedingt der Sinn nach einer abenteuerlichen Nachsuche. Jedenfalls war

46

die Freude sehr groß und ich rief umgehend den Jagdaufseher an. Dann transportierten wir die Sau zum Forsthaus, brachen sie auf und bei einem Bier erzählte ich in Ruhe von dieser völlig unerwarteten Begegnung mit der Sau. Eine Rückfrage nach dem Motto: „Wie war das mit den Sauen im Tageslicht?" habe ich mir allerdings verkniffen. Man kann sich auch im Stillen freuen und Recht behalten.

Gegen Ende Juni stellte der Jagdaufseher fest, dass die Sauen an der sogenannten „Gemeinde Dickung" immer früher zur Kirrung wechselten. Auch in diesem Revier wurde mit der 24-Stunden-Uhr gearbeitet, die stehen blieb, wenn die Sauen sie umgestoßen hatten. Vorfreude und Aufregung wuchsen gleichermaßen. Am Freitag, dem 01.07. war es soweit. Ich durfte mich an dieser Kirrung ansetzen, denn der Wind spielte mit. Hier musste dieser von Norden kommen, Nord-Ost oder Nord-West ging auch, aber es musste Nordwind mit dabei sein, sonst war der Platz tabu. Es gab so viele schöne Stellen in diesem Revier, aber diese war etwas wirklich besonderes. Die Kirrung war von hohem Brombeergestrüpp sowie jungen und mittelalten Bäumen umringt. Der Pfad zum Sitz hin benötigte den Namen Pirschpfad gar nicht. Man konnte entspannt durch den Wald laufen, war vor aller Augen sicher und erst auf halber Höhe der Leiter konnte man in die Arena einsehen.
Und so war ich frühzeitig auf diesem Sitz angekommen und genoss die Stille der Natur, obwohl ich innerlich natürlich ganz schön aufgeregt war. Würden die Sauen auch heute Abend frühzeitig kommen? Hätte ich zum ersten Mal Gelegenheit, sie ausführlich in gutem Licht betrachten zu können? Nachdem ich nicht einmal eine Stunde gesessen hatte, vernahm ich schwach ein Grunzen und Quieken und da waren sie auch schon. Sowohl vorsichtig als auch zielstrebig kamen Bachen mit ihren Frischlingen herausgetreten. Ich zählte 20 Sauen. Es war so wie in vielen Tierfilmen bereits beobachtet. Nur, dass ich heute die-

sen Anblick live und exklusiv hatte. Ich war absolut fasziniert. Die Bachen hatten ein Gewicht von ungefähr 40 Kilogramm und die Frischlinge waren noch sehr klein. Glücklicherweise hatten wir den Mais in diesem Gebiet etwas verteilt, denn sonst hätte es rund um die Kirrtonne Mord und Totschlag gegeben. Eine Kirrtonne ist ein angekettetes Behältnis in das man üblicherweise Mais einfüllt und diese hinstellt. Die Sauen werfen sie um und durch die vielen kleinen Löchern in den Seiten kommt dann der Mais heraus. Warum mir diese Tonnen schon anderswo im Wald begegnet waren, wurde mir jetzt klar. Sie flog von links nach rechts und von vorne nach hinten. Ich war froh, dass die Kette das ausgehalten hat. Aber dann nahm ich unter den Fichten einen Schatten wahr. Da musste noch eine Sau sein. Ein Frischling zog in die Richtung und kam postwendend eilenden Schrittes wieder zurück. War dort die Leitbache? Von der Silhouette, die ich nur erahnen konnte, musste das Schwein doppelt so groß wie alle anderen sein. Zu gern hätte ich dieses Tier auch einmal in Augenschein genommen, jedoch trat dieser Schatten leider nicht unter den Bäumen hervor. Nachdem nun einige Minuten vorüber waren, besann ich mich wieder meines eigentlichen Grundes für diesen Ansitz. Nach den ersten Sekunden war für mich klar, dass hier und heute kein Schuss fallen wird. Die Muttertiere waren natürlich tabu und die Frischlinge noch viel zu klein. Aber da war dann doch noch ein Wildschwein dazwischen, welches weder das eine noch das andere war. Es war deutlich größer als die Frischlinge, aber auch deutlich kleiner als die Bachen. Ein Frischling, der im Winter zur Welt gekommen ist? Es war auf jeden Fall ein weibliches Stück, das konnte ich perfekt erkennen und sie war hellgrau. Damit unterschied sie sich von allen anderen Stücken. Ich kam zur Entscheidung, dass dieses Stück das einzig jagdbare war und entschloss mich zum Schuss. Nur, wie sollte ich jetzt einen sicheren Schuss abgeben, der bei dem Gewusel kein anderes Tier gefährdete? Und so lag ich wieder im Anschlag

48

und wartete und wartete. Natürlich kamen Gedanken auf, ob sich überhaupt noch eine Gelegenheit ergeben würde, bis die Sauen wieder verschwänden, aber das Erlebnis konnte mir jetzt schon keiner mehr nehmen. Doch plötzlich stand die Sau für einen winzigen Moment breit und dahinter war frei. Der Knall ließ alle Sauen innerhalb von wenigen Sekunden im Wald verschwinden. Nur das von mir beschossene Stück, das den Knall schon nicht mehr vernommen hatte, lag genau an der Stelle, wo es eben noch gestanden hatte. Von mir fiel wieder einmal eine große Last ab. Ein leichtes Zittern überkam mich und so blieb ich noch eine Weile sitzen, ließ das Erlebte auf mich wirken und informierte anschließend den Jagdaufseher telefonisch. Ja, am Ende hatte ich doch nicht lange warten müssen, bis ich zum Schuss kam. War es wieder einmal eine gefühlte Ewigkeit, so zeigte die Uhr, dass ich doch nur etwa fünf Minuten im Anschlag gewartet habe. Um 21.10 Uhr fiel der Schuss bereits und das Anfang Juli. Obwohl nur 20 Kilogramm schwer, kam mein Nachbar, half mir beim Bergen und wir versorgten das Stück gemeinsam am Forsthaus. Einen Weidmanns-Heil-Schnaps gönnten wir uns beide zur Freude des Tages und betrachteten noch eine Weile das Wildschwein.

Nun hatte ich also schon zum zweiten Mal Recht behalten, was die Sauen und das Tageslicht betraf, aber sollte ich das noch einmal auf den Tisch bringen? Ich beließ es dabei und freute mich sowohl für mich selbst, als auch für den Jagdaufseher, dessen tägliche Arbeit im Revier nun endlich Früchte zu tragen begannen. Und da geteilte Freude auch die schönste Freude ist, ließen wir gemeinsam diesen besonderen Sommerabend fröhlich ausklingen.

Füchse, Füchse und noch mal Füchse

Über das Jahr 2012/2013 könnte man fast ein eigenes Buch schreiben. Es war mit Abstand das erfolgreichste Jagdjahr, welches ich bis heute erlebt habe. Das Tagebuch gab kaum noch den Platz her, um alles zu dokumentieren. Insgesamt kamen dreißig Stück Wild, davon zwanzig Füchse zur Strecke. Ich saß sehr lange über meinem Jagdtagebuch und grübelte, welche Geschichten ich wohl auswählen sollte.

Auf jeden Fall begann das Jagdjahr für mich mit der Erlegung von zwei Rehböcken. Der Nachbar und Jagdaufseher empfahl mir am sogenannten „kleinen Höhefeld" einen älteren Bock, der am gleichen Abend bereits wie auf Bestellung erschien und nach kurzem erfolgreichen Ansprechen auf etwas über 70 Meter erlegt werden konnte. Der Bock war fünf Jahre alt und brachte stolze 20 Kilogramm auf die Waage. Das steigende Gewicht des Rehwildes war ebenfalls ein Beleg dafür, dass die Hegebemühungen in diesem Revier Früchte trugen. Eine Woche später konnte ich im „Breimers Wald" einen Jährling erlegen, der nur eine Stange mit einer Länge von 3 Zentimetern aufwies. Das Gewicht war mit 16 Kilogramm rekordverdächtig.

Mitte Juni konnte ich in zwei Abendansitzen jeweils zwei Jungfüchse erlegen und es war wiederum nur eine Woche später, als ich den Sonderauftrag bekam, mich um die Füchse in der Nachbarschaft zu kümmern. Hühner wurden gestohlen und Besuche auf Terrassen gesichtet. Also ging ich in die Nachbarschaft, sagte Hallo und bekam grünes Licht, mich auf der Terrasse anzusetzen. Während nun in meinem Rücken das abendliche Fernsehprogramm lief, schaute ich auf die vor mir liegende Hangwiese bis zum Wald hinauf. Ich hatte an diesem Abend kein Glück und so bin ich am nächsten Morgen wieder rausgegangen. Das war seit exakt zwei Jahren nicht mehr notwendig gewesen. Eigentlich war das eine tolle Sache, man geht Abends raus, genießt den selbigen, hat Weidmanns Heil und kann am nächsten Morgen ausschlafen. Aber nach zwei Jahren Schlaraffenland, musste ich meinen Hintern wieder morgens aus dem Bett bewegen. Wie schön so ein Morgenansitz ist, hatte ich schon beinahe vergessen. Und siehe da, das Aufstehen sollte sich gelohnt haben. Um kurz nach fünf Uhr wechselte mich von links ein Fuchs an. Die Stelle, an der er auftauchte, war unübersichtlich und so sah ich ihn erst verhältnismäßig spät. In Zeitlupe nahm ich das Gewehr in den Anschlag. So langsam wie die Bewegung war, mein Puls ging um ein Vielfaches höher. Und trotz der Aufregung konnte ich ihm auf 25 Meter den Schuss antragen und er war im Feuer verendet. Freude und Stolz durchströmten mich.

Das danebenliegende Haus wurde unter anderem von einer rüstigen Rentnerin bewohnt, die trotz verschiedenster Sicherheitsvorkehrungen schon einige Hühner eingebüßt hatte. Und so wurde ich gebeten, bei ihr doch auch einmal nach dem Fuchs zu schauen. Am gleichen Abend nahm ich also meine jagdlichen Pflichten noch einmal wahr. Während im Haus eine Feier statt fand, saß ich nun am Gartenrand, kaum 50 Meter von der Stelle entfernt, an der ich morgens gesessen hatte. Ich hatte meinen Klappstuhl an einen Obstbaum gelehnt, um möglichst unsichtbar für das Wild zu werden. Und siehe da, Diana war mir erneut hold. Um 22.15 Uhr konnte ich einen weiteren Jungfuchs erlegen. Die Entfernung betrug kaum 50 Meter und der Fuchs rannte nach dem Schuss los, ohne irgendein sichtbares Schusszeichen, ab Richtung Wald. Ein Fäkalienwort verließ meine Lippen, jedoch kurz vor dem Wald fiel der Fuchs plötzlich um und machte keine Bewegung mehr. Ein deutsches Fragewort mit H stand mir ins Gesicht geschrieben, aber nach wenigen Sekunden wich dieses der Freude, dass ich mir den richtigen Standort ausgesucht und einen tödlichen Schuss abgegeben hatte. Die gute Frau freute sich beinahe noch mehr als ich und zum Dank bekam ich zehn Eier geschenkt.

Die Arbeit war jedoch damit noch lange nicht getan. Die in unmittelbarer Nachbarschaft liegende Gaststätte „Bauernstube", hatte ebenfalls mit dem Fuchs zu kämpfen. Auch hier waren drei Hühner gestohlen worden. Und somit rückte der hilfsbereite Jäger von nebenan wieder aus. Ich saß auf einer mittelhohen Leiter, etwa fünf Meter über dem Boden und hatte den Wiesenhang vor mir und zu meiner rechten. Um 21 Uhr konnte ich auf 40 Meter einen Fuchsrüden erlegen, der mir zum Dank ein Getränk auf Kosten des Hauses einbrachte.

Beim nächsten Ansitz an gleicher Stelle sollte das Wort „Kosten" jedoch für mich von Bedeutung werden. Es war die Wiese frisch gemäht und ein herrlicher Sommertag neigte sich dem Ende entgegen. Diese bereits angesprochene Leiter hatte die gleiche Bauweise wie die ebenfalls bereits beschriebenen, knapp zehn Meter hohen Leitern im Revier. Die Sprossen erklommen, musste man oben nur das Sitzbrett umklappen und man saß herrlich bequem mit guten Auflagen in drei Richtungen. Die sommerlichen Temperaturen veranlassten mich nur dünn bekleidet anzusitzen und alles von mir abzulegen was ich sonst üblicherweise am Körper trug. Dazu zählte neben dem Patronengurt auch das Fernglas. Ich nahm es nur gelegentlich zur Hand und ansonsten stand es auf dem Sitzbrett sicher. Als um kurz nach 21 Uhr ein Fuchs rechts vom Wald herüber zog, überlegte ich, ob ich nun über die linke Schulter zielen sollte oder ob ich mit dem Hinterteil herum rutschen sollte, so dass ich praktisch auf der Kante vom Brett saß und über meine rechte Schulter zielen konnte. Als stan-

52

dardmäßiger Rechtsschütze wählte ich in dem Fall den komplizierten Weg. Aber dadurch, dass diese Leiter im Hang stand und somit die Auflage auch abfallend war, musste ich mit dem Oberkörper sehr tief gehen. Also rutschte ich mit dem Hinterteil immer weiter nach hinten und da passierte es. Das Fernglas begab sich ohne mich auf einen vorzeitigen Abstieg, nahm fast jede Sprosse mit und schlug schließlich auf dem Boden auf. Ich erschrak und hätte mich in den Allerwertesten beißen können. Doch trotz dieser geräuschvollen Einlage war der Fuchs noch da. Er hatte wohl überhaupt nichts mitbekommen, denn er mäuselte vertraut auf der Wiese und kam langsam immer näher. Ich schluckte meinen Ärger hinunter, denn mit Wut im Bauch wollte ich auf kein Tier dieser Welt schießen. Auf knapp 35 Meter kam der Fuchs heran, bis sich endlich eine Schussmöglichkeit ergab. Den gedämpften Knall der kleinen Kugel vernahm der Fuchs schon nicht mehr. Na ja, zumindest war das Fernglas nicht für umsonst heruntergefallen. Ob es noch funktionierte? Ich ging die Leiter hinunter, hob es auf und wieder oben angekommen, betrachtete ich den Schaden genau. Es war total verbogen und die Optik funktionierte nur noch auf einer Seite. Ich hatte nur kurz Gelegenheit, mir Gedanken über die finanziellen Folgen meiner Missetat zu machen, denn schon kam ein weiterer Fuchs von oben aus dem Wald und schnürte über die Wiese. Auf 65 Meter konnte ich auch diesem Jungfuchs erfolgreich die Hornet antragen. Langsam wich der Ärger über das kaputte Fernglas und die Jagdfreude kam wieder hervor. Sollte ich jetzt schon nach Hause gehen? Ach komm, sagte ich mir, eine Seite vom Fernglas funktioniert schließlich noch und jetzt bleibe ich noch sitzen bis es dunkel ist. Und es war 22.10 Uhr, als tatsächlich noch ein dritter Fuchs von oben aus dem Wald die Wiese herunter schnürte. Es sah so aus, als wollte er direkt in das Gehöft der „Bauernstube" eindringen. Doch soweit konnte ich es natürlich nicht kommen lassen. Schuss! Auch der dritte Fuchs lag im Feuer und ich trat jagdlich höchst zufrieden, den kurzen Heimweg an.

Über das Fernglas habe ich mir lange Gedanken gemacht. Schließlich wählte ich, natürlich in häuslicher Abstimmung, ein neues Fernglas aus, welches den mehrfachen Wert des zerstörten Fernglases hatte. Nicht, dass ich im Lotto gewonnen hätte, aber das neue Fernglas war schließlich ein sehr gutes und so zwang ich mich selbst, auf das wertvolle Glas noch viel besser aufzupassen.

Nachdem ich also meine Pflicht und Schuldigkeit gegenüber den Hühnern im Tal erfüllt hatte, war es nun an der Zeit, sich auch um die hofeigenen Hühner zu kümmern. Trotz aller Sicherheitsmaßnahmen, versuchte der Fuchs sogar am Tag sich einen Zugang zu den Hühnern zu graben. Der Schwiegervater hörte sowohl Hahn als auch Hühner aufgeregt gackern und beim Nachschauen sah er noch den flüchtenden Fuchs. Höchste Zeit also, daheim für Ordnung zu sorgen. Ich ging wieder einmal mit Klappstuhl, Weidenstock und Drilling bewaffnet, hinter unser Haus zu den Pferdekoppeln, suchte mir einen Platz am Wasserfass und wartete. Die Pferde waren glücklicherweise auf einer anderen Koppel, so dass sie nicht an mir herumknabbern konnten und ich sie auch im Moment eines möglichen Schusses nicht erschrecken würde. Es war Ende August und gegen halb neun am Abend, als ein noch junger Fuchs vom Wald die Wiese herunter wechselte und sich in Richtung Hühner schleichen wollte. Aber das Wasserfass als Auflage für den rechten Arm, der dicke Weidenstock, um den die linke Hand geklammert war und somit die Auflage für das Gewehr bildete, sowie ein inzwischen einigermaßen ruhiger Jägerpuls, ließen den Fuchs nicht mehr zu den begehrten Hühnern kommen. Auf 80 Schritte erfasste ihn die kleine Kugel und der Rüde lag im Feuer. Hans der Hahn und seine 22 Hinkel waren gerettet. Somit konnte ich mich nun auch zu Hause wieder blicken lassen.

54

Im Laufe der Jahre konnte ich insgesamt fünf Füchse auf diese Art erlegen und jedes einzelne Erlebnis war ein ganz besonderes für mich, denn welcher Jäger hat schließlich schon die Möglichkeit, in Hausschuhen zum Ansitz zu gehen?

Die Musik und das Schneckenbüschel

Schon als Jugendlicher war ich musikbegeistert gewesen. Der englische Musiksender flimmerte daheim auf dem Bildschirm, wann immer die Eltern nicht anwesend waren. Und mein Onkel, der in seiner Freizeit begeisterter Schlagzeuger war und ist, nahm mich immer mal wieder zu den verschiedensten Konzerten mit. Funk und Jazz hatten es ihm in den Neunzigern besonders angetan und so erlag auch ich der Faszination der Blasinstrumente.

Für das Erlernen eines Instrumentes hatte es nie gereicht, aber es sollte der Moment kommen, an dem ich den entscheidenden Anstoß dazu erhielt. Eines unserer Nachbarreviere gehörte zum Gräflichen und über den Bruder meines Schwiegervaters erhielt ich eine Einladung zu einer Gesellschaftsjagd, die sich in ganz kleinem Rahmen abspielen sollte. Über diese Jagd weiß ich persönlich gar nichts mehr, nur, dass ich keinen Erfolg hatte und wir uns zum Streckelegen an einer Jagdhütte trafen. Es war nur ein einzelner Bläser da, der die kleine, aber bunte Strecke verblasen sollte. Und er tat dies in einer derart klaren, fehlerfreien und inbrünstigen Art und Weise, dass sich dieser Moment für immer in mein Gedächtnis brannte. Es löste schließlich in mir die Frage aus, ob ich das nicht auch können wollte? Immerhin gab es in meiner ganzen Familie keinen einzigen Jäger, der das Jagdhorn beherrschte. Die Überlegungsphase dauerte gar nicht so lange, bis ich mich dazu entschlossen hatte. Aber gab es dazu überhaupt eine Möglichkeit im Umkreis? Den Enkel des Bruders weihte ich in meine Gedanken ein und da er auch gern das Jagdhorn erlernen wollte, waren wir also schon zu zweit. Durch ihn erfuhr ich, dass

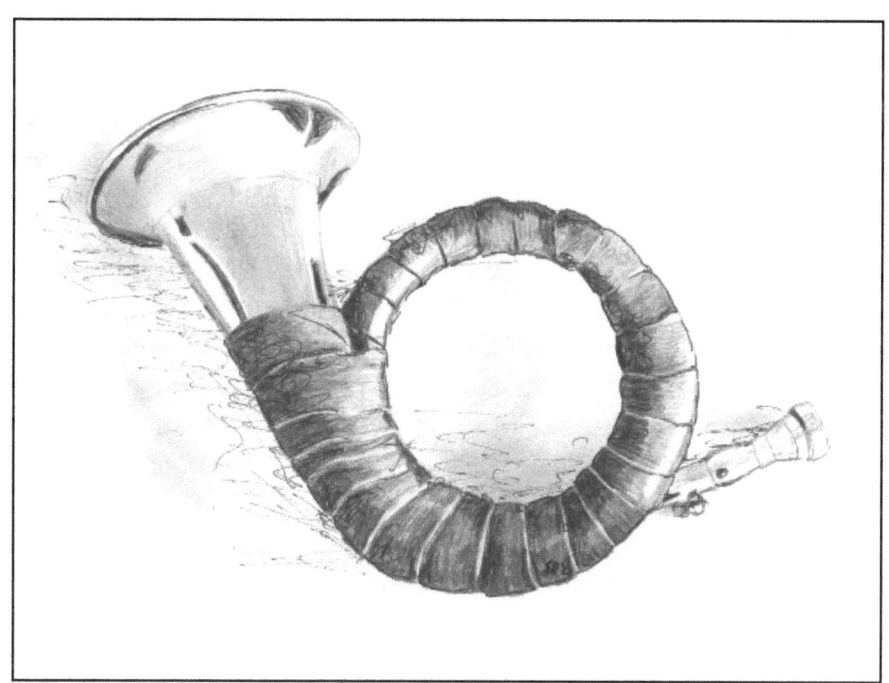

es in Beerfelden die Jagdhorngruppe der „Hegegemeinschaft Oberzent-Beerfeldener Land" gab und diese auch einmal wöchentlich zum Üben zusammen fand. Und so kamen wir beide zusammen im Februar des Jahres 2012 zu der Jagdhorngruppe dazu. Wir wurden sehr freundlich aufgenommen. Einer der Bläser stellte für die Übungsstunden der Gruppe seine Halle inklusive Aufenthaltsraum mit Ofen zur Verfügung, es war alles gut und schön, nur das mit dem Blasen, das hatten wir uns deutlich leichter vorgestellt. Es benötigte schon viele Wochen und Monate, bis sich die ersten Erfolge einstellen sollten. Ebenfalls neu angefangen hatte in dieser Gruppe der ortsansässige Optiker, der jedoch bereits in der Vergangenheit Erfahrungen mit der Trompete gesammelt hatte und somit war für ihn das neue Instrument deutlich einfacher zu erlernen. Zusammen mit ihm trafen wir uns zusätzlich einmal in der Woche bei mir zu Hause in einem eigens eingerichteten Mu-

57

sikzimmer zum üben. Schließlich gelang es uns im Laufe der Zeit, sowohl die heute noch gebräuchlichsten Signale einer Jagd zu erlernen und darüber hinaus auch einige Jägermärsche sowie weitere Jagdlieder.

Wir hatten eine Vielzahl an offiziellen Auftritten, die schönsten Erinnerungen sind für mich jedoch zwei inoffizielle Auftritte in Gammelsbach und Frankfurt am Main gewesen. In Gammelsbach waren wir als Dank zum Grillen eingeladen, nachdem wir auf der Hochzeit der Gastgeber geblasen hatten. Es war ein sehr schöner Sommerabend in einem Garten hoch oben über dem Tal. Zu fortgeschrittener Stunde spielten wir in der Stille der Dämmerung und ein ganz tolles Echo hallte von der gegenüberliegenden Seite zurück.

Einige Jahre später sollte der Weihnachtsausflug nach Frankfurt zur zweiten schönsten Erinnerung werden. Wir „Ourewäller" reisten per Zug in meine Stadt, in der ich schon fast 15 Jahre arbeitete. Nicht weit vom Bahnhof entfernt, lag die Äbbelwoi-Kneipe, in der wir vorab reserviert hatten. Das Lokal war voll bis oben hin und natürlich mussten die drei mitgebrachten Hörner „zum Essen" blasen. Die Sympathien der Gäste hatten wir auf unserer Seite. Mich persönlich reizte jedoch an diesem Ausflug vor allem die Frage nach dem Frankfurter Echo. Wie würde es wohl sein, wenn wir in Richtung der Bankentower blasen würden? Ich konnte nicht alle begeistern, an diesem Tag ihr Instrument mitzunehmen, aber immerhin, drei Hörner hatten wir dabei. Es war schon dunkel geworden und mitten auf dem „Eisernen Steg", der den Main überquert und die Innenstadt mit Sachsenhausen verbindet, blieben wir also stehen und holten tief Luft. Es war sehr naiv von mir zu glauben, dass wir auch nur den Hauch einer Chance gegen die Geräusche der Stadt gehabt hätten. Nichtsdestotrotz holten wir das Beste aus uns heraus und am Ende des Stückes erklang plötzlich Beifall auf der Brücke.

Die Leute waren stehen geblieben, hatten uns zugehört und applaudierten. Ein sehr schmeichelhaftes Gefühl. Noch zwei weitere Stücke erklangen in der lauten Frankfurter Nacht und obwohl kein Echo wie in Gammelsbach zu hören war, so war das Geräusch des Applauses ein absolut gleichwertiger Ersatz.

Das Jagdhorn hatte also Einzug in mein Jägerleben gehalten und seitdem erhielt nun jedes erlegte Stück Wild die entsprechende Würdigung, in dem das passende Tot-Signal geblasen wurde.

Jagdliche Traditionen sind mir immer sehr wichtig gewesen, vor allem der gezeigte Respekt gegenüber dem Wild, vor, während und nach der Jagd. Und mit dem Stichwort Respekt vor dem Wild, möchte ich den Bogen schlagen zu einem der für mich denkwürdigsten Jagderlebnisse, das sich am sogenannten Schneckenbüschel ereignet hat.

Es war der frühe Sommer des Jahres 2013. Ein Jahr zuvor hatte ich beschlossen, meiner fast schon chronischen Unbeweglichkeit entgegenzutreten und war einem Yoga-Kurs beigetreten. Die Zahl der männlichen Kursteilnehmer war sehr überschaubar, aber es machte Spaß und im Laufe der Zeit waren tatsächlich auch körperliche Verbesserungen spürbar. Geleitet wurde der Kurs von einer Frau, die zum damaligen Zeitpunkt ihre Pferde bei meinen Schwiegereltern unterstehen hatte. Und so ergab es sich, dass man sich auch einmal zum Pizzaessen traf und über Gott und die Welt sprach. Irgendwann im Laufe des Abends kam das Gespräch auch auf die Jagd. Sie war eine sehr große Tierliebhaberin, engagierte sich in ihrer Freizeit für Tiere in Not und war außerdem Vegetarierin. Es trafen also zwei sehr verschiedene Standpunkte aufeinander. Das Schöne an dieser Unterhaltung waren die Sachlichkeit und auch die Offenheit, mit der diskutiert wurde. Am Ende des Gesprächs waren wir übereingekommen, dass sie mich einmal zum Ansitz begleiten würde. Ich fühlte mich sehr geehrt und nachdem auch ihr Ehemann zugestimmt hatte, mich mit seiner Frau allein in den Wald zu lassen, konnte es also los gehen.

Wir fuhren den „Rosengarten" hinauf und bogen links ab. Das Auto konnte man praktischerweise auf dem Querweg unterhalb des Sitzes stehen lassen. Wir stiegen einen etwa 70 Meter langen Pirschpfad steil hinauf und schon waren wir vor der Leiter. Direkt vor dem Sitz querte ein Waldweg und dahinter befand sich - vom Weg nicht einsehbar - die Kirrung. Ein Jägerkollege hatte mit Hilfe der Motorsäge einen transportablen Holztrog für die Sauen gebaut. Dieser hatte einen Holzdeckel mit Metallgriff und daran gebunden war die Wilduhr. Eine geniale Konstruktion. Der Mais war abgedeckt, es konnte sehr leicht aufgefüllt werden und mit Ausnahme des Griffes war es eine natürliche Kirrung ohne Plastiktonne. Nicht, dass ich gegen diese etwas hätte, aber dieser selbst gebaute Trog hatte schon seinen eigenen, natürlichen Charme. Die Leiter war von gleicher Bauweise wie die anderen, nur dass diese hier auch „nur" etwa fünf Meter hoch war. Also, Leiter hoch, Sitzbrett umgeklappt und gewartet. Der Wind kam aus Westen, also direkt von vorn und meine Begleiterin und ich flüsterten leise über die Thematik Natur und Jagd. Der Ansitz war nicht ins Blaue hinein gewählt, sondern die Wilduhr hatte gegen 22 Uhr aufgehört zu ticken. Mit ein bisschen Glück sollten wir hoffentlich etwas in Anblick bekommen.

Es war kurz nach acht, da nahm ich eine Bewegung links vor uns war. Ein Bock, ein 6er, zweijährig und gut veranlagt. Ihm gehörte die Zukunft. Auf 30 Meter passierte uns der Bock in seiner ganzen Pracht. Natürlich hatte ich mein Fernglas weitergereicht und so hatte mein Gast ausgiebig Gelegenheit, das Reh zu beobachten. Bald war es verschwunden, aber dafür stieg so langsam die Spannung in mir auf. Die letzte Erlegung eines Wildschweins war schon wieder fast ein dreiviertel Jahr her. Und dann vernahm ich plötzlich ein Geräusch. Kamen die Sauen schon so früh am Abend? Mit einem Mal stand ein Alttier auf der Kirrung. Rotwild, auf dieser Seite des Tals, keine 30 Meter entfernt und das noch bei Sonnenlicht. Unglaublich. Und das Tier war hochbeschlagen. Man konnte die Bewegungen des Kalbs im Bauch richtig sehen. Ich war überwältigt. So einen Anblick hatte ich bis dahin noch nicht gehabt. Das Alttier zog zum Trog hin und schob vorsichtig mit dem Vorderlauf den Deckel etwas zur Seite. Er fiel zwar nicht herunter, aber es war nun genug Platz, um den Äser im Trog verschwinden zu lassen. Mich durchzuckte der Gedanke, ob das Alttier immer für das Umfallen der Uhr verantwortlich war und gar nicht die Sauen? Aufgrund der Trockenheit hatte ich mich gar nicht erst bemüht, nach Trittsiegeln zu schauen. Aber die Sauen waren inzwischen schon gar nicht mehr das Wichtigste. Lange hielt es das Alttier nicht auf der Kirrung aus und kaum war sie im Dickicht verschwunden, mussten wir uns erst einmal über das Erlebte austauschen. Aber weiterhin natürlich flüsternd, denn es wurde ja jetzt erst einmal dämmrig. So kehrte wieder Ruhe im Wald ein. Es war inzwischen kurz nach halb zehn, da sahen wir beide links vor uns zwei Wildschweine anwechseln. Sie standen im Heidelbeerkraut und machten keinerlei Anstalten, zur Kirrung zu ziehen. Während meine Begleitung die Sauen mit dem Fernglas beobachtete, lag ich bereits im Anschlag und sprach die zwei Sauen durch das Zielfernrohr an. Auf knapp 50 Meter stellte sich eine der Sauen Blatt und schon durchbrach der Schussknall die abendliche Stille. Ich sah nur ein Stück flüchten. Das andere lag genau da, wo ich es beschossen hatte. Nachladen, zielen, warten. Es passierte nichts mehr. Die 25 Kilogramm Überläuferbache war bereits in die ewigen Jagdgründe übergetreten. Ich war erleichtert. Erleichtert und glücklich. Sowohl über den Erfolg, als auch über das Erlebte, und die Tatsache, dies mit meiner Begleitung teilen zu können. Anschließend half

61

sie mir beim Bergen des Stückes und auch beim Aufbrechen. Ich durfte ihr alles zeigen und erklären. Das hat mich wirklich beeindruckt. Die Sau erhielt ihren letzten Bissen und der zwischenzeitlich herbeigerufene Jagdaufseher überreichte mir den Schützenbruch. Nur abends um halb elf wollte ich dann doch nicht mehr das Tal mit dem entsprechenden Tot-Signal über meinen Jagderfolg informieren. Das wurde verschoben. Der Weidmanns-Heil-Schnaps jedoch nicht. Damit wurde dieser denkwürdige Abend beendet.

Die Sau kaufte ich für mich selbst und zum Geburtstag meiner Frau gab es daraus ein selbst gemachtes Wildschweingulasch. Es haben alle davon gekostet und für sehr gut befunden, inklusive meiner vegetarischen Yoga-Lehrerin. Sie sagte, dass sie gesehen hat, dass das Tier in Freiheit gelebt hat und einen plötzlichen und schmerzfreien Tod hatte. Somit konnte sie es mit ruhigem Gewissen probieren und genießen. Das war für mich persönlich das i-Tüpfelchen auf dieser Geschichte, die mich noch heute mit Stolz erfüllt und die vielleicht auch ein gutes Beispiel für den Umgang zwischen Jagdfreunden und Jagdskeptikern ist.

Der 1. Mai und Jagd vorbei

Vor einigen Jahren hatte sich die rechtliche Lage und damit auch der Beginn der Rehwildjagd geändert. Heute beginnt diese mit dem neuen Jagdjahr am ersten April. Damals, im Jahre 2014, war jedoch noch der erste Mai der Beginn der Rehwildjagd gewesen.
Dieser Tag begann in Ober-Sensbach traditionell mit einem gemeinsamen morgendlichen Ansitz und einem anschließenden Frühstück. So auch wieder in diesem Jahr.

Ich hatte ganz unterschlagen, dass ich im vorherigen Jahr stolzer Besitzer eines neuen Gewehres geworden war. Die jagdliche Praxis hatte mich zu der Erkenntnis gebracht, dass ein Repetierer eine absolut sinnvolle Anschaffung wäre. Ein Geradezugrepetierer sollte es jedoch sein, Kaliber 30-06 und er sollte das gleiche Zielfernrohr wie der Drilling haben, damit ich nicht mit unterschiedlichen Handhabungen im Ernstfall durcheinander käme. Als ich mit meiner damaligen Frau einen Ausflug nach Erfurt machte und wir im Waffenladen „nur mal schauen" wollten, stand mein neues Gewehr genau so da, wie ich es haben wollte. Die Frau war einverstanden und so hielt die dritte Waffe aus Suhl Einzug in meinen Gewehrschrank. Bis heute ist es bei diesen drei geblieben und wenn sie nicht wirklich gravierende Defekte bekommen, dann werden sie es wohl für immer auch bleiben. Auf Bitten des Revierpächters, sollten wir ab diesem Jahr nur noch bleifreie Munition verwenden, um noch mehr Argumente für den Verkauf des heimischen Wildbrets zu liefern. Über das Thema bleifreie Munition wurde überall viel diskutiert. Wir setzten es einfach um. Und, ich habe bis heute nicht eine einzige schlechte Erfahrung damit gemacht.

Nun begann also das neue Jagdjahr und wie immer startete es am ersten Mai mit...nichts. Noch nie hatte ich an einem ersten Mai ein Weidmanns Heil gehabt. Deshalb war es für mich nichts Ungewöhnliches mehr, als der morgendliche Ansitz beendet war und ich noch nicht einmal etwas in Anblick hatte. Das Frühstück fand dieses Jahr beim Jagdkollegen in Unter-Sensbach statt. Es war sowohl sehr gut als auch sehr reichhaltig und wir verabredeten uns noch einmal für den Abendansitz. Zuvor sollte es jedoch im Forsthaus ein Spare-Ribs Abendessen geben. Glücklicherweise stand zwischen den ganzen Mahlzeiten eine kleine Maiwanderung auf dem Programm. Der Abend kam, die Spare-Ribs waren ein Traum und dann ging es raus. Aber wer setzt sich wohin? Mir war das egal, ich setzte mich dahin, wohin ich geheißen wurde. Auf Wunsch des Jagdfreundes tauschten er und ich die Ansitze. Ich saß also nun abends da, wo er morgens gesessen hatte und umgekehrt. Mein neuer Platz war das „Hoschelt", da hatte ich noch nie gesessen und genoss den Abend. Ich schaute links und rechts, denn geradeaus war nur der Weg und dahinter ein paar Quadratmeter Gras, umgeben von noch jungen Fichten. Die Dämmerung kam und ich wurde müde. Es war im Übrigen wieder eine der bodenlosen Leitern und ich saß mit dem Kopf an den vorderen Holzbalken gelehnt, schaute nach unten, gähnte ununterbrochen und wünschte, dass es endlich dunkel werden würde. Hatte ich gerade etwas gehört? Kopf langsam hoch genommen und, das gibt's doch gar nicht, da standen drei Sauen vor mir. Alle die gleiche Größe. Und jetzt? Ich hatte noch nicht einmal das Gewehr in der Hand, merkte plötzlich, dass der Wind von hinten kam und die Sauen wahrscheinlich sofort wieder in den Fichten verschwunden waren. Aus meiner geduckten Haltung griff ich nach dem Gewehr. In Zeitlupe richtete ich mich auf und ging in den Anschlag. Punkt im Zielfernrohr anschalten, einstechen, entsichern... bis man endlich mal fertig ist. Ich hätte all mein Hab und Gut verwettet, dass ich es nicht schaffen würde, die

64

Sauen noch ins Zielfernrohr zu bekommen. Und doch, trotz des unpassenden Windes und der geringen Entfernung bekam ich eine der Sauen ins Zielfernrohr und riss viel zu schnell den Abzug durch. Im Knall flüchteten alle drei Sauen in die Fichten. Meine Güte, was hatte ich denn jetzt wieder angestellt? Ich musste doch getroffen haben! Ich konnte doch nicht auf 20 Meter daneben schießen! Nur, warum lag sie dann nicht? Ich telefonierte nach dem Jagdaufseher und er kam mit seinem Hund Hektor, dem kleinen Münsterländer, der gar nicht so klein war und der schließlich nach 60 Metern die 25 Kilogramm Bache verendet im Wald fand. Hektor war für mich die Verkörperung eines Jagdhundes. Schön, gehorsam, ausdauernd, schnell, brilliant auf der Schweißfährte und immer wenn ich zu Besuch war, ein unglaublich kuschelbedürftiger Kamerad. Fünf Sauen und eine Elster fand Hektor über die Jahre für mich. Er war eine Seele von Hund, der leider viel zu früh einer Krankheit zum Opfer fiel. An diesem Abend half er mir jedenfalls auf perfekte Art und Weise, meine Erste-Mai-Sau zu finden, denn durch die Hektik im Schuss hatte ich leicht verwackelt und die Kugel saß etwas zu weit mittig.

Nun also hatte ich zum ersten Mal an einem ersten Mai einen jagdlichen Erfolg gehabt. Und wie nach jedem jagdlichen Erfolgserlebnis, startete ich einen familiären Rundruf, um die freudige Nachricht mitzuteilen.
Mein Opa jedoch konnte nicht mit mir am Telefon sprechen. Ihm ging es nicht gut. Seit vielen Jahren war er schon schwer krank, aber Opa hielt sich tapfer. Nun lag er jedoch im Pflegebett. Ich beschloss, am nächsten Wochenende nach Thüringen zu fahren, um die Großeltern zu besuchen. Sie waren inzwischen aus ihrem Haus ausgezogen und lebten nun in einer Mietwohnung in Gräfenroda, die einfach altersgerechter ist und in der auch meine Tante viel schneller vor Ort sein konnte, da sie praktisch um die Ecke arbeitete. Nun kam ich also voller Elan

in die Wohnung hinein und forderte meinen Opa jovial auf, er solle endlich aus dem Bett heraus, die Böcke wären offen und wir würden jetzt zusammen zur Jagd gehen. Er lächelte müde. Ich saß lange bei ihm am Bett und berichtete unter anderem von meinem Erlebnis am ersten Mai. Bald war er nicht mehr in der Lage zuzuhören und so ließ ich ihn in Ruhe. Dann wurde es Mittag und Oma hatte Kartoffeln, Spinat und Ei gekocht. Ich rief wieder quer durch die Wohnung nach meinem Opa, ob er nicht auch etwas essen wolle? Ein schwaches Ja kam zurück, also ging ich zu ihm und half ihm aus dem Bett. Meine Tante, die zum Mittagessen kurz anwesend war, und die Oma machten große Augen, als ich den Großvater in die Küche führte und an den Tisch setzte. Er aß mit uns, so, als ob er nicht schwer krank wäre. Zu unserem Erstaunen war der Teller kurze Zeit später leer. Als ich am Nachmittag nach Hause fuhr, war ich sicher, dass der Opa es wieder einmal geschafft hatte. Und ich war sehr froh darüber. Vier Tage später, ich war gerade bei den Bläsern in der Übungsstunde, rief mich mein Vater an und teilte mir mit, dass der Opa nicht mehr lebte. Mein Besuch bei ihm muss wohl die letzten Kraftreserven noch einmal aktiviert haben, so wie ein letztes Aufflackern des Feuers. Als ich weg war, legte er sich wieder hin und sein Zustand verschlechterte sich von Stunde zu Stunde.

Großvater bekam eine Beerdigung, wie sie sich für einen Jäger gehört und ich hatte mir selbst die Aufgabe gestellt, meinen Opa nach weidmännischer Tradition zu verabschieden. Der Optiker lieh mir dafür dankenswerter Weise sein Ventilhorn sowie die Noten des Stückes „Jagd vorbei – Das große Halali". Ich übte jeden Tag, zu Hause und in der Mittagspause auf Arbeit, so lange, bis ich das Stück verinnerlicht hatte. Der Tag der Beerdigung kam und, was soll man sagen, es war kein leichter Tag. Die Trauerrede war sehr schön gewesen, alles ringsherum war mit jagdlichen Dekorationen geschmückt und ich freute mich, dass auch frühere Jagdgefährten gekommen waren, um

66

Opa die letzte Ehre zu erweisen. Es war vorher abgesprochen worden, dass ich beim Einsetzen der Urne blasen sollte, jedoch als der Moment meines Auftritts gekommen war, hätte ich am liebsten gekniffen. Ich hatte die emotionalen Auswirkungen doch etwas unterschätzt und hatte Angst davor, die Töne nicht zu treffen. Aber, ich wollte meinem Großvater nun einmal die letzte Ehre erweisen, die er als Jäger auch verdient gehabt hat und so schluckte ich die Angst herunter, spielte das Stück fehlerfrei und war sehr froh, dass ich mich getraut hatte. Opa, vielen Dank für alles. Du wirst für immer in Erinnerung bleiben.

Der Lebenskeiler

Es war nun Mitte Mai des Jahres 2014 und der Tod des Großvaters war erst wenige Tage her. Ich hatte das Glück, 34 Jahre lang sowohl meine Eltern, als auch alle meine Großeltern um mich zu wissen. So etwas ist sicher nicht vielen Menschen vergönnt, vor allem, wenn man seine Angehörigen noch dazu sehr gern hat. Ich hatte Jahre Zeit gehabt, mich auf diesen Moment vorzubereiten, aber als es dann soweit war, war doch alles irgendwie anders.

Das Leben musste jedoch weiter gehen und ebenso die Jagd. Ich machte mich morgens auf zum „Rosengarten". Dort stand eine hohe, geschlossene und relativ enge Kanzel. Mit relativ meine ich das in Bezug auf die anderen Kaliber von geschlossenen Kanzeln, die es in dem Revier gab. Hier wurde definitiv nicht an der Qualität gespart. Man konnte die Kanzeln schon durchaus als luxuriös bezeichnen, auf jeden Fall hatte ich vorher noch nie in und aus solchen Appartements gejagt. Es geht ein Teerweg den „Rosengarten" hinauf, links und rechts davon Wiese, die jeweils in einem Waldstück endet. Man konnte den Bereich weit einsehen. Es wurde dämmrig und bald bemerkte ich ein Reh, das aus dem Wald auswechselte.

An einem 18. Mai sollte man schon sehr vorsichtig sein, was das Ansprechen von weiblichem Rehwild betrifft, aber ich war mir sehr sicher, dass ich ein Schmalreh vor mir hatte. Es war kurz vor halb sechs, als auf 70 Meter die 30-06 das Reh im Feuer verenden ließ. Um diese Uhrzeit wollte ich noch nicht nach Hause gehen und so saß ich da und dachte über Gott und die Welt nach. Es war gegen sechs Uhr, als ein zweites Stück Rehwild an fast gleicher Stelle aus dem Wald trat. Und wieder war ich mir sicher, ein Schmalreh vor mir zu haben. Meine Selbstsicherheit ließ mich jedoch schwanken. Knappe fünf Minuten später hatte ich mich jedoch endgültig entschieden und auch das zweite Stück lag im Feuer, diesmal auf 60 Meter. Neun und elf Kilogramm brachten die beiden Stücke auf die Waage. Ich hatte alles richtig gemacht und war darauf sehr stolz.

Die Zahl der Jagderfolge in diesem Jahr war jedoch stark rückläufig. Das lag zum größten Teil aber an den Veränderungen, die wir an Haus und Hof vornahmen. Vieles war veraltet und wurde nicht mehr genutzt und so sollte entweder alles abgerissen und neu gebaut oder saniert und umgebaut werden. Der Schwiegervater, seit vielen Jahren Rentner, arbeitete sechs Tage die Woche im Wald und auf dem Hof und ich half nach Feierabend und am Wochenende mit. Ohne die Hilfe verschiedener Gewerke, wäre es aber nicht so schnell gegangen. Die Jagd musste deshalb oft zurückstehen, dennoch war es ein spannendes und erfolgreiches Jagdjahr. Man könnte es auch als sehr effizient bezeichnen. Vier Sauen, vier Schmalrehe sowie vier Füchse kamen zur Strecke. Die Füchse konnte ich alle von einer der berühmten hohen Leitern, bei Schnee und zwischen 18.05 Uhr und 18.50 Uhr erlegen. Ein Jagderlebnis wie es vielleicht nie wieder kommt. Und Apropos „vielleicht nie wieder kommt", da gab es noch den einen Ansitz im August.

Es war der 10. August, ein Sonntag. Mein Jahresurlaub hatte soeben begonnen. Drei Wochen lagen vor mir, drei arbeitsreiche Wochen sollten es werden, aber diesen Sonntag Abend bei so einem Mondschein, den musste ich einfach draußen verbringen. Mein Nachbar und Jagdaufseher hatte freundlicherweise für mich den Sitz an der Kirrung am „Falkenberg" reserviert. Die war vor wenigen Wochen erst versetzt worden, da nach vielen Jahren dem Waldbesitzer eine Kirrung in seinem Wald plötzlich missfiel. Nun befand sich die Kirrung einige hundert Meter wei-

69

ter nördlich im Hang und aus der ehemals riesigen Leiter war eine Minileiter für eine Person mit Sitzhöhe in etwa zwei Meter geworden. Diese war mit Spanngurten um eine dicke Buche fixiert und man saß auf ihr ohne Überdachung, dafür aber sehr bequem. Das Wetter war warm, der Mond schien durch die Bäume hindurch und der Ostwind kam direkt und ehrlich von vorn. Die Zeit verging und ich wurde müde. Aber um 22.50 Uhr hörte ich schon von weitem die Geräusche von anwechselnden Sauen. Nach kurzer Zeit hatte ich dann die Lage soweit sondieren können, dass ich zwei Bachen mit insgesamt sechs Frischlingen erkannte. Während die großen Stücke um die 50 Kilogramm hatten, waren die kleinen um die 15 Kilogramm schwer. Ich lag natürlich längst im Anschlag und versuchte, einen der Frischlinge frei zu bekommen. Das gestaltete sich jedoch wieder mal äußerst schwierig. Nun war ich ja in Sachen Geduld längst erprobt, mit jeder Minute die verging, drohte die Geduld jedoch zu schwinden. Die Bachen haben es derart clever verstanden, ihre Nachkömmlinge bei sich zu halten, dass nicht ein einziger Frischling auch nur für den Bruchteil einer Sekunde abseits stand. Ich musste mich irgendwann einmal aufrichten und die Beine ausschütteln, damit ich keinen Krampf bekam. Und wieder zurück in den Anschlag. Aber es schien aussichtslos. Nach knapp anderthalb Stunden hatte ich aufgegeben. Ich war übermüdet und wünschte mir nichts sehnlicher, als dass die letzten Maiskörner aus der Tonne nun endlich raus wären, die Sauen wegziehen und ich verdammt noch mal in mein Bett konnte. Doch plötzlich hörte ich von rechts ein deutliches Knacken im Wald. Würde jetzt auch noch Rotwild anwechseln? Ich flehte um Gnade, denn ich wollte natürlich auf keinen Fall das Wild stören und so lange ausharren, bis ich wieder allein war. Die Sauen waren jedoch plötzlich ganz aufgeregt und da durchzuckte mich siedend heiß der Gedanke an einen Keiler. Sollte jetzt, anderthalb Stunden, nachdem die Sauen auf die Kirrung gekommen waren, ein Keiler Vertrauen gefasst haben und im Mondlicht auf die Kirrung wechseln? Ich lag längst

70

wieder im Anschlag und suchte mit dem Zielfernrohr nach dem Ort von wo die Geräusche ausgingen. Und da war er! Was für eine Gestalt! Ein Wildschwein, wie es noch nie in meinem Jägerleben gesehen habe. Das Zielfernrohr war auf 6-fach eingestellt und ließ den Bassen auf die kurze Entfernung von 30 Metern im Mondlicht übernatürlich groß wirken. Von der Kirrung rannten die Sauen in alle Himmelsrichtungen. Und dann war da nur noch dieses große dunkle Schwein, stellte sich Blatt und schon knallte es. Ich sah und hörte noch, wie die Sau hangaufwärts flüchtete und schließlich weg war. Sofort rief ich den Jagdaufseher an. Er ging auch freundlicherweise um 0.20 Uhr sofort ans Telefon und hörte sich meinen aufgeregten Bericht an. Ob ich denn auch sicher wäre, getroffen zu haben? Ich antwortete spontan, dass ich bei der Größe der Sau gar nicht hätte vorbeischießen können. Ich baumte schnell ab und fuhr in meiner Aufregung unnötigerweise zu ihm hin, um dann gemeinsam in sein Auto zu steigen und uns aufzumachen, in der Nacht einen beschossenen Keiler im Wald nachzusuchen. Mein Freund Hektor war natürlich dabei und im Anschuss fanden wir bereits Schweiß mit den typischen Merkmalen von Lungenschweiß. Erleichterung überkam mich. Aber wo war die Sau? Wir suchten Zentimeter um Zentimeter mit der Taschenlampe nach Spuren des Tieres. Inzwischen hatten wir die Bergkuppe überwunden und nun ging es hangabwärts. Ich wurde immer stiller und unruhiger. Ja, es war immer mal wieder Schweiß zu finden, aber es wurde weniger. Und wenn es nun doch kein Lungenschweiß war? Wenige Meter vor uns begann bereits der Weg, aber da, da lag er plötzlich! Verendet. Eine Tonnenlast fiel von mir ab. Da lag mein Keiler. 150 Meter weit war er noch gekommen, trotz eines tödlichen Lungenschusses. Wir versuchten ihn zu ziehen, nichts tat sich. Und jetzt? Erst mal das Auto holen und zur Ruhe kommen. Der Waldweg war schmal und der Hang sehr steil. In fünf Zügen stellten wir den Pickup quer, so dass die Klappe auf dem Waldboden aufliegen konnte. Somit konnten wir das Wildschwein direkt auf die Lade-

fläche ziehen. Obwohl es nur wenige Meter waren, kamen wir ins Schwitzen. Nachdem wir die Sau am Forsthaus aufgebrochen hatten, hängten wir sie an die Waage. Diese zeigte 85 Kilogramm an. Der Keiler war etwa vier Jahre alt und wir hielten ihm noch lange in dieser Nacht die Totenwache, tranken in Ruhe gemeinsam ein oder zwei Bier, bevor jeder schließlich in sein Bett ging. Im Kreise der Jagdkameraden feierten wir später noch ein Keilerfest und bis heute denke ich in tiefster Ehrfurcht an diesen Bassen zurück, der mit seiner dunklen, massigen Gestalt imponierte und der mit seiner unglaublichen Kraft nach einem tödlichen Schuss noch eine solch weite Strecke steil bergauf flüchten konnte. Ein besonderer Dank an Diana, die mich für meine Geduld mit einem der schönsten und intensivsten Jagderlebnisse meines Lebens belohnt hatte.

72

Der Traktorendiebstahl

Wieder war ein Jahr vergangen. Aber nicht nur die Neubauten im Hof gingen voran, auch im Revier gab es Veränderungen und neue Investitionen. So zum Beispiel wurden zwei große Suhlen angelegt und dazu noch neue Kanzeln, in denen es an nichts fehlte. Sogar die Fensterläden waren mit Gasdruckfedern ausgestattet. Was für ein absoluter Genuss, in solchen Kanzeln ansitzen zu dürfen. Zugegeben, die offenen Leitern sind mir eigentlich lieber, weil man die Natur noch viel intensiver wahrnimmt, aber an richtig kalten Tagen oder längeren Ansitzen waren diese Kanzeln ein Traum. Und so durfte unsereins am 09.05.2015 in der neuen Kanzel an der neuen Suhle an der Sensbacher Höhe ansitzen.

Der Hochwald mit der Suhle vor mir liegend, wirkte wie eine Arena auf mich. Aus der Dämmerung wurde langsam Helligkeit und mit einem Mal sah ich von rechts ein Wildschwein durch die Arena ziehen. Schnell den Repetierer hoch genommen, fertig gemacht, aber da zog das Stück schon flott weiter den Hang hinauf und nach links weg. Ich folgte ihm und wartete, bis es für den Bruchteil einer Sekunde verhoffen möge. Aber es zog immer höher und gleich würde ich keinen Kugelfang mehr haben. Und dann blieb es tatsächlich stehen. Hatte ich noch oder hatte ich nicht mehr? Es war verdammt knapp, aber ich war mir sicher, dass ich noch im Rahmen der Sicherheit war, ließ die Kugel fliegen und sah zu, wie das Wildschwein flüchtete. Ich hatte keinerlei Schusszeichen erkennen können, wie zum Beispiel das Hochspringen des Tieres bei einem Treffer und einen Kugelschlag hatte ich auch nicht gehört, der das Auftreffen der Kugel im Wildkörper akustisch wahrnehmen lässt. Dennoch war ich der Meinung, getroffen zu haben. Ich blickte auf die Uhr, sie zeigte kurz nach halb sechs an. Erst mal warten und sitzen bleiben. Das ist in so einem Moment, indem das Stück nicht liegt, mit Abstand die schwierigste Disziplin. Gegen sechs Uhr hielt mich nichts mehr auf dem Sitz und ich ging zum Anschuss. Nur, wo war der wieder? Schwierigkeiten, den Anschuss zu finden, das war leider bei mir schon Tradition. Dieses Gen wurde mir nicht weiter vererbt. Wenn ich daran denke, wie oft mein Vater im Nichts noch das kleinste Anzeichen gefunden hat, das war schon beeindruckend. Aber, so hat halt jeder seine Stärken und seine Schwächen. Ich versuchte den Wechsel aus zu machen, den die Sau genommen hat, suchte links und rechts und vor und zurück und fand einfach nichts. So kam nach langer Zeit mal wieder mein Hektor zum Einsatz. An der Stelle, an der ich den Anschuss vermutete, nahm er die Richtung auf, in der die Sau gezogen war. Wir gingen zügig voran und nach nicht einmal drei Minuten und einer Entfernung von 100 Metern hatte Hektor die verendete Sau gefunden gehabt. Ich meinte in seinem Gesicht die Frage ablesen zu können, ob es das schon gewesen sein soll? Hund müsste man sein. Auf jeden Fall war ich sehr froh, dass der 30 Kilogramm Überläuferkeiler zur Strecke gekommen war. Der Schuss auf 120 Meter war ein Hauch zu weit mittig gewesen. Dennoch war es für die neue Kanzel ein gelungener erster Ansitz und das Jagdjahr mit einer Sau zu beginnen, das ist bis heute immer noch die Ausnahme gewesen.

Bereits am nächsten Wochenende sollte die Jagd auf Sauen jedoch weitergehen. Als ich den Jagdaufseher anrief, teilte er mir mit, dass die Sauen im Topinambur im „Rinnelt" zu Schaden gehen würden. Der Wildacker dort gehörte zwar dem Jagdpächter, aber der Topinambur sollte für das Rotwild Äsung werden. Da musste also interveniert werden. Das „Rinnelt" also. Jagen nahe dem Herzen des Revieres. Dieses war praktisch durch die Talstraße zweigeteilt und während ich auf der rechten Seite ja-

74

gen durfte, war die linke Seite immer nur die Ausnahme, denn dort hatte das Rotwild seinen Einstand. Da ich die allermeisten Pirschpfade säuberte, war mir auch die Kanzel im „Rinnelt" vertraut. So stand ich hochmotiviert morgens halb vier auf, stellte das Auto am Wegesrand ab und pirschte mich durch den dunklen Fichtenwald herunter zum Sitz. Die Leiter an dieser Kanzel war ungewöhnlich. Sie war mehr eine Treppe als eine Leiter. Ich stieg also die Stufen zu meinem Thron hinauf, nahm Platz und wartete. Es dauerte nicht lang und es waren Sauen zu vernehmen, die aus dem Wald anwechselten. Aber es war noch zu dunkel und die Entfernung zu groß. Die Aufregung wuchs, als das Licht ganz langsam besser wurde und man die Konturen erahnen konnte. Ich hatte nicht mehr die Geduld, um auf das perfekte Licht zu warten, da ich fürchtete, die Sauen vorher zu verlieren. Als der Schuss heraus war, war es gerade 4.30 Uhr. Auf 60 Meter hatte ich eine Überläuferbache beschossen, die nach 25 Metern Flucht verendet auf dem Acker lag. Aufgebrochen hatte sie 27 Kilogramm. Ich erinnere mich noch, dass ich vom Jagdaufseher gefragt wurde, warum ich die Sau so schräg stehend beschossen und nicht gewartet hatte bis sie Breit stand? Er hatte natürlich Recht, mit dem was er sagte, die Aufregung jedoch und der Auftrag, den Acker zu verteidigen, hatten mich pflichtbewusst vorschnell handeln lassen. Aber es war ja auch schon Kritik auf hohem Niveau und so wollte ich es beim nächsten Mal einfach besser machen. Und das nächste Mal sollte sehr schnell kommen.

Nur eine Woche später teilte mir der Jagdaufseher mit, dass die Sauen schon wieder im „Rinnelt" den Topinambur ausgraben würden. Ja dann, versuchen wir es doch einfach noch mal. Diesmal stellte ich den Wecker noch zehn Minuten eher, denn ich wollte auf keinen Fall zu spät kommen. Ansonsten verlief alles wie in der Woche zuvor. Jedoch an der Treppe angekommen, hörte ich bereits das Geräusch einer Sau. Schlagartig ging der

Puls nach oben. Ich schwebte die Stufen hinauf und bewegte alles in absoluter Zeitlupe. Nur ja kein Geräusch verursachen. Schließlich nahm ich Platz und schaute hinaus ins Dunkel. Es war noch nichts zu erkennen. Nur langsam wurden die Lichtverhältnisse besser und ich sah am Waldrand ein einzelnes starkes Wildschwein. Aber ich hörte im Wald noch mehr. Und da kamen sie auch schon. Eine Rotte von neun Überläufern mit vier Frischlingen betrat die Bühne, etwa 100 Meter entfernt. Es war ein Gewusel und Durcheinander und die Sauen, jetzt inzwischen gut im Zielfernrohr zu erkennen, zogen von mir weg und brachen am Ackerende über 130 Meter entfernt. Sollte ich das wagen? Moment mal, da war doch noch die einzelne Sau, die zuerst auf dem Acker war. Die ließ sich durch die Rotte überhaupt nicht stören und zog am unteren Rand parallel zum Wald in meine Richtung. Es war jetzt in etwa die gleiche Stelle, an der ich letzte Woche die Überläuferbache erlegt hatte. Als das Wildschwein für einen Moment Blatt stand, war der Schuss auch schon raus. Die Sau schlegelte, ich repetierte, blieb mit dem Punkt im Zielfernrohr drauf und sah trotzdem im Augenwinkel, wie alle anderen Sauen in den Wald zurück flüchteten. Dann war Ruhe. Vor mir auf dem Acker lag 60 Meter entfernt ein starker Überläufer. Ich wartete noch ein paar Minuten, denn schließlich war es gerade einmal 4.45 Uhr und dann lief ich hinunter. Oh je, ich konnte die Sau kaum bewegen. Ich brauchte definitiv Hilfe, aber wen wollte ich um die Uhrzeit aus dem Bett werfen? Da fiel mir auf, dass die Sau nur wenige Meter vom Waldweg lag und eine Idee reifte in mir. Ich legte meine Jacke auf das Wildschwein, damit kein Fuchs auf dumme Gedanken kommen würde, lief den Hang wieder hinauf, verstaute alle Sachen im Auto und fuhr nach Hause. Ich nahm den Traktorschlüssel vom Brett und ging wieder hinaus. Am Bulldog, wie man den Traktor im Odenwald gern bezeichnet, war bereits der Frontlader mit der Schaufel angebaut. Das war sehr gut, denn ich wollte natürlich um die Uhrzeit so wenig wie möglich

76

Geräusche verursachen, da das ganze Haus noch schlief. Und so schlich ich mich mit dem geliebten grünen Traktor und seinen gelben Felgen vom Hof. Ich zog kurz darauf die Sau in die Schaufel und fuhr mit meiner Jagdbeute zum Forsthaus. Dem Jagdaufseher hatte ich inzwischen eine Nachricht geschrieben und es dauerte nicht lange, da stand er neben mir. 63 Kilogramm brachte der Überläufer auf die Waage und wir freuten uns gemeinsam, dass alles so prima funktioniert hat. Nur, zu Hause angekommen, schimpfte meine damalige Schwiegermutter mit mir. Hatte ich sie doch aus dem Schlaf gerissen, als ich an ihrem Fenster vorbei fuhr und sie gemeint hatte, dass ihr gerade der Bulldog vom Hof gestohlen wurde. Mit der Erklärung über den großen Jagderfolg, ließ sie sich jedoch wieder milde stimmen.

Der Jagdkönig

Das Kalenderjahr 2015 neigte sich dem Ende entgegen und es war bis dato ein Jahr, wie ich es noch nie erlebt hatte. Es folgte den drei Sauen aus dem Mai noch eine weitere im Juni. Innerhalb von fünf Wochen vier Sauen zu erlegen, so etwas hatte es für mich noch nie gegeben. Danach war es mir vergönnt, fünf Jungfüchse zu erlegen. Diana meinte es wirklich gut mit mir. Ich saß abends wieder in den heimischen Pferdekoppeln und konnte des Nachbars Damwild im Gatter beobachten. Der Fuchs kam auf unserer Seite des Zaunes herunter gezogen und stand plötzlich einer Katze gegenüber, die auf der anderen Seite des Zaunes, also im Damwildgatter stand. Die Katze fauchte und beide wollten durch den Zaun miteinander kämpfen. Ich dachte ich sehe nicht richtig. Als der Fuchs abließ und weiter in Richtung der Hühner zog, musste ich dann einschreiten.

Nach elf Jahren Jagdschein hatte ich Anfang August dann zum ersten Mal in meinem Leben die Aufgabe, ein angefahrenes Stück Rehwild abzufangen. Ich saß in der Nähe der Straße, hörte den Zusammenprall, lief dann herunter und fand den Knopfbock im Straßengraben noch lebend mit gebrochenem Rückgrat. Mehr möchte ich gar nicht schildern, nur, dass es mir noch heute nahe geht, wenn ich daran zurück denke. Drei Stück Rehwild und noch vier weitere Stück Schwarzwild konnte ich bis Ende September erlegen und darunter auch der bis heute einmalige Ansitz, an dem es gelang, zwei Sauen kurz hintereinander zu erlegen. Alles in allem war es ein traumhaftes Jagdjahr und in vier Monaten acht Stück Schwarzwild erlegen zu können, das hätte ich für mich selber nicht für möglich gehalten.

78

Aber nun begann die Zeit der Drückjagden und an denen konnte ich eigentlich daheim bleiben. Ich will mich hier wirklich nicht beschweren und bin mir auch sicher, dass nicht jeder Jäger solche Möglichkeiten zum Jagen bekommen hat, wie ich sie erleben durfte, aber an Drückjagden brauchte ich gar nicht teilzunehmen, da ich bis dahin noch kein einziges Stück Wild erlegen konnte. Zugegeben, als Treiber in Sensbach bin ich immer mit der Waffe durchgegangen und gab einmal einem Überläufer einen Fangschuss, den mein Vater beschossen hatte. Ansonsten jedoch - nichts. Und weil ich gerade den Vater erwähnt habe, das ist auch so ein Beweis dafür, dass das Jagdglück nicht automatisch von einer Generation zur nächsten weitergegeben wird. Egal, welchen Stand ich auf Drückjagden zugewiesen bekommen habe, es hat nie funktioniert. Der Vater dagegen, den konnte man hinstellen, wo man wollte, da hat es fast immer geklappt. Bereits zu Thüringer Zeiten hat der ein oder andere Jäger mehr oder weniger ernst gemeint, dass man den Vater auch in Erfurt auf den Domplatz hätte stellen können und selbst dort hätte er auch noch eine Sau erlegt. So unterschiedlich kann es in einer Familie laufen. Aber nun war es wieder einmal soweit und ich freute mich trotzdem, denn wie sagt man so schön, neues Jahr, neues Glück.

Auch dieses Jahr erhielt ich vom Bläserfreund, dem Optiker, eine Einladung zur Drückjagd in seinem Revier. Genau genommen war es nicht sein Revier, er war dort Begehungsscheininhaber, aber so, wie ich ihn nach Sensbach einladen durfte, lud er mich zu sich nach Falken-Gesäß ein. Die Jahre zuvor hatte ich bei diesen Jagden kaum Anblick und wenn doch, dann war entweder das Wild nur im Vorbeiflug zu bewundern oder es kam nur das, was nicht vom Pächter freigegeben war.
Und in diesem Jahr war es am 07. November mal wieder so weit. Ich bekam den Stand Nr. 14 zugewiesen. Auf diesem war ich bereits zwei Jahre zuvor einmal gewesen und hatte nichts

gesehen. Die 14 war an eine dicke Buche angezeichnet und man stand auf dem Boden. Wie zu Beginn jeder Jagd, war ich auch diesmal voller Vorfreude und Zuversicht. Diese sollten jedoch mit zunehmender Dauer schwinden. Nichts tat sich. Die Zeit verging und es war wie beim letzten Mal an dieser Stelle. Es war kein Treiber zu sehen, kein Hund, kein Wild und je genauer ich alles betrachtete, desto kritischer wurde ich. Wie hätte ich hier schießen sollen? Es gab nirgendwo eine Schussschneise, der Farn war noch immer hoch, man stand ebenerdig und und und. Frust machte sich in mir breit. Schließlich setzte ich mich auf einen querliegenden Baumstamm und die Welt konnte mich gern haben. Als guter Gast weiß man, was sich gehört und hält lieber einmal mehr den Mund als etwas zu sagen, aber diesmal wollte ich meine Klappe nicht halten. Ich würde meinem Optikerfreund, wenn er mich auf seinem Rückweg einsammelte, das alles einmal zeigen und ihn fragen, wie das hier eigentlich funktionieren sollte. Die Zeit bis zum „Hahn in Ruh" war auch glücklicherweise nicht mehr lang. Brumm, brumm. Eine Kurzmitteilung von ihm: „Achtung Kalb!" Ich stand sofort auf, nahm mein Gewehr in die Hand und schaute in die entsprechende Richtung. Nichts passierte. Doch, da war plötzlich eine Bewegung. Durch die junge Fichte, die zehn Meter vor mir stand und mir das Schießen in Richtung 1 Uhr und 2 Uhr unmöglich machte, sah ich ein Stück Wild kommen. Jetzt war die Fichte natürlich Gold wert. Hinter ihr versteckt, ging ich in den Anschlag und drehte mich nach rechts. Ich spürte deutlich meinen Puls und wartete durch das Zielfernrohr schauend, welches ich noch schnell bis auf 3-fach zurückgedreht hatte. Und dann trat aus dem Farn das Stück Rotwild heraus. Obwohl ich fast gar keine Erfahrung mit Rotwild bis dahin gesammelt hatte, konnte das hier kein Kalb sein. Ich sprach es als Schmaltier an. Und es stand mir auf 20 Meter direkt gegenüber. Ich durfte keinerlei Bewegung machen. Auch beim Atmen zwang ich mich so gut es irgend möglich war, den Oberkörper und den

80

Bauch still zu halten. Der Puls war spür- und hörbar. Der Punkt des Zielfernrohres war auf dem Stich, also dem Brustkorb des Schmaltieres. Ich war hin- und hergerissen. Was sollte ich tun? Auf 20 Meter den Schuss riskieren oder darauf warten, dass ich mehr Trefferfläche erhalte, wenn es sich Blatt stellt und damit wiederum riskieren, dass es blitzartig abdreht und flüchtet, so dass ich keinen Schuss mehr anbringen kann? Ich sprach mir selbst das Wort Geduld zu und riskierte keinen Schuss auf den Stich. Es dauerte noch ein paar Sekunden, die sich wie Minuten anfühlten, dann drehte das Stück ab und wollte nach rechts wegziehen und in dem Moment war die 30-06 aus dem Lauf heraus. Ich sah das Stück getroffen flüchten und nach 20 Metern fiel es um und war verendet. Jetzt begann mich das Jagdfieber zu schütteln. Ich rief meinen Freund an und berichtete ihm, dass das Stück Rotwild lag. Er kam sofort zu mir und wir umarmten einander. Die Freude war riesengroß. Mein erstes Stück Rotwild und dann auch noch das erste Stück Wild auf einer Drückjagd. Wir machten ein Erinnerungsfoto und dann zogen wir das Stück herunter bis zum Weg.

Am Streckenplatz angekommen, begann ich mein Stück aufzubrechen, welches 50 Kilogramm auf die Waage brachte und stellte nach kurzer Zeit fest, dass niemand sonst ein Stück Rotwild erlegt hatte. Oh je, bin ich jetzt auch noch der Jagdkönig? Ja, ich war es. Mit Stolz nahm ich den Erlegerbruch und die jagdlichen Glückwünsche entgegen. Mehr als die Hälfte unserer Bläsergemeinschaft war bei der Jagd anwesend, so dass das Strecke verblasen die Sache für mich abrundete. Dann ging es zum Schüsseltreiben in die „Traube", die es heute leider nicht mehr gibt. Während die Pächter eine Rede hielten, überlegte ich, was ich nun tun sollte. Sollte ich auch eine Rede halten? Aber was sollte ich sagen? Und musste ich als Jagdkönig nicht auch eine Runde spendieren? Mir war nicht wirklich wohl bei dem Gedanken an eine Rede, da ich die meisten Leute hier nicht kannte und keine Lust hatte, mich an diesem Tag noch zu blamieren. Aber dann stand ich wie von selbst auf, klopfte an das Glas und fing mit meiner Rede an. Ich bedankte mich bei den Pächtern sowie dem Optiker für die Einladung und begann vom heutigen Tage zu berichten. Es sprudelte einfach aus mir heraus, dass ich noch nie ein Stück Wild auf einer Drückjagd erlegt hatte, noch nie ein Stück Rotwild erlegt hatte und so weiter und so fort. Ich schilderte meine Erlebnisse so, wie ich sie hier in dem Buch beschrieben habe und endete mit den Worten, dass ich mich freuen würde, wenn alle mit mir einen Schnaps auf meine Rechnung trinken würden. Ich bekam Applaus für meine Rede und war gleichermaßen stolz wie peinlich berührt. Der Schnaps hat an diesem Tag besonders gut geschmeckt und ich genoss das Schüsseltreiben mit dem guten Essen sowie das anschließende Beisammensein. Am Ende konnte ich mir es doch nicht verkneifen, meinem Freund von der Kritik an diesem Stand zu berichten. Mein Jagderfolg jedoch führte meine eigenen Worte ad absurdum und das beweist zu guter Letzt, das auf einer Jagd alles möglich ist. Sogar wenn etwas unmöglich erscheint.

Die 6er Leiter und das Wiesenschwein

Und schon war wieder ein Jahr vergangen. Die Geschwindigkeit, mit der die Zeit verstrich, steigerte sich gefühlt von Jahr zu Jahr. Es war jetzt Mitte April, nicht mehr lang und ich würde zum ersten Mal Vater werden. Die Vorfreude war sehr groß und ich genoss die Stunden in der Natur mit dem Wissen, dass bald alles anders und aufregend neu sein wird. Wobei der erste Ansitz im April nicht wirklich viel mit Genießen zu tun hatte.

Der Mond war bald voll und ich wollte das schöne Wetter an einem Freitagabend nutzen, um einmal nach den Sauen zu sehen. Ich bestieg um zehn vor halb neun den „Funkturm", auf dem ich meinen ersten guten Keiler erlegt hatte. Ich öffnete vorsichtig alle Fenster und machte es mir in einer Ecke bequem. Aber nach zwei Minuten richtete ich mich schon wieder auf, wollte nach dem Gewehr greifen, um einmal probeweise aufzulegen und Zielübungen machen. Und wie ich jetzt aus dem Fenster schaute, glaubte ich zu träumen. Da stand ein Frischling auf dem Acker. Allein, von wo auch immer hergekommen, stand er plötzlich da und brach. Während die Fragezeichen in meinem Gesicht immer größer wurden, war das Gewehr schnell in Anschlag gebracht und ohne eine Sekunde weiter zu überlegen, krümmte sich der Finger und die Sau war im Feuer verendet. Ich war viel zu aufgeregt, um jetzt noch länger sitzen bleiben zu können. Der Frischling hatte einen fast faustgroßen Abszess am Lauf und hatte wohl bedingt dadurch den Anschluss an seine Rotte verloren. Ein Hegeabschuss, über den ich sehr froh gewesen bin und der mich auch sehr schnell wieder nach Hause gebracht hat. Eigentlich wollte ich stundenlang sitzen, die Natur genießen, die Sterne anschauen und so weiter, aber es kam eben

83

anders. Und das mit dem Genießen, das sollte nur fünf Wochen später umso intensiver werden.

Nachdem ich eines Morgens einen Überläufer auf der Wiese im „Rosengarten" erlegen konnte, bekam ich zum allerersten Mal die Chance, in „meinem" Revier auf Rotwild jagen zu dürfen. Es war mir gegenüber von Anfang an klar kommuniziert worden, dass nur der Jagdherr das Rotwild bejagen darf. Von daher hatte ich mir auch nie wirklich Gedanken darüber gemacht und umso mehr freute ich mich über diese Gelegenheit. Ich vermute, dass ich mir durch meine Mithilfe im Revier und durch meine jagdlichen Erfolge über die ganzen Jahre dieses Privileg erarbeitet habe.

An diesem Tag begleitete ich den Revieraufseher bei seiner üblichen Runde und er zeigte mir, wo ich am besten das Auto abstellte und wie ich zum Sitz käme. Rotwildjagd im Herzen des eigenen Reviers, wo ich noch nie zuvor gewesen bin. Den Rest des Tages war ich in voller Vorfreude auf den Abend und konnte es kaum erwarten. Schließlich war es dann soweit und ich fuhr hinaus. Der leicht ansteigende Pirschpfad zum Sitz hin war schon Anspannung pur, da ich nicht weit voraus schauen konnte und schon Befürchtungen hatte, das Rotwild im Angehen bereits zu vergrämen. Die Sorge war jedoch unbegründet und so bestieg ich die sogenannte 6er Leiter - das zuerst erlegte Stück Wild von diesem Sitz war ein 6er Hirsch - vom bereits bekannten Bautyp mit Sitzhöhe in etwa vier Metern und harrte der Dinge, die da kommen sollten. Ich hatte es mir zwar abgewöhnt, irgendwelche Erwartungen an einen Ansitz zu knüpfen, hier jedoch wünschte ich mir von Herzen, zumindest Rotwild in Anblick zu bekommen. Vor der Leiter querte ein Weg, der kurvig verlief. Ich saß genau in der Kurve, sozusagen mitten im Fanblock und hatte das Spielfeld direkt vor mir. Zugegeben, vielleicht ist eine Fußballmetapher im Wald nicht das geeignetste stilistische Mittel, besser kann ich es Ihnen aber nicht beschreiben. Links des Weges fiel das Gelände ab und man konnte nur wenige Meter weit blicken. Rechts des Weges begann Brombeerdickicht und so hatte man geradeaus die beste Sicht, obwohl auch hier eine junge Fichtendickung etwa 60 Meter vor dem Sitz den Anblick begrenzte. Hier kam nur wirklich jemand hin, der sich verlaufen hatte und so hoffte ich durch diese himmlische Ruhe, das Rotwild in Anblick zu bekommen. Nach etwa einer halben Stunde vernahm ich links von mir im Augenwinkel eine Bewegung. Ein Hirsch. Nur wenige Sekunden blieben mir, um auf gut 60 Meter das stolze Tier zu beobachten, bevor ihn die Geographie des Geländes verschwinden ließ. Es war definitiv kein junger Hirsch mehr, das verriet mir seine Körperhaltung und der Träger. Das sich noch im Wachstum befindliche Geweih war bis dahin erst über die Mittelsprossen geschoben. Und dann war er schon wieder weg. Schade, jedoch ein Moment, der im Gedächtnis bleibt. Keine halbe Stunde später kam aus gleicher Richtung ein zweiter Hirsch. Dieser zog jedoch über den Weg, quer vor meiner Leiter vorbei, in die beschriebene Fichtendickung. Er war noch recht jung, hatte bei weitem keine solch majestätische Figur wie der erste Hirsch des Abends, aber ich konnte ihn mit bloßem Auge in Ruhe betrachten. Und auch er hatte schon über die Mittelsprosse geschoben, auch wenn seine Stangen bei weitem nicht so stark waren. Nach diesen kurzen, aber sehr intensiven Beobachtungen, lehnte ich mich wieder in die Ecke und beobachtete den Wald. Inzwischen war es dreiviertel neun geworden und was dann geschah, das mag vielleicht nach Jägerlatein klingen, aber es hat sich tatsächlich so zugetragen. Rechts von mir vernahm ich plötzlich Geräusche, die ich nicht zuordnen konnte. Ich setzte mich mehr mittig und beobachtete gespannt, woher die Geräusche kamen und was sich dahinter verbergen würde. Plötzlich erkannte ich einen Steinmarder. Den hatte ich auf einer Jagd und bei Tageslicht noch nie in Anblick bekommen. Obwohl sein Name Stein- und nicht Baummarder war, kletterte er an einer Fichte hoch, kletterte wieder runter, rannte durch den Wald vor und zurück, um schließlich direkt unter mir zu verhoffen. Der wird doch jetzt nicht etwa? Doch, der Steinmarder begann die Leiter hochzuklettern und das konnte ich nun überhaupt nicht gebrauchen. Wie würde er reagieren, wenn er mich mitbekommt? Das könnte den ganzen Ansitz zerstören, wenn hier plötzlich Spektakel wäre und das Rotwild davon irgendetwas mitbekäme. Ich blickte nach unten, sah, wie das Tier immer näher kam und begann, mit meinem Hintern heftige ruckartige Bewegungen zu machen, die die Leiter in sich wackeln ließ. Noch einmal und noch einmal. Schließlich stoppte der Marder, drehte um und rannte hinfort, ohne dass er irgendwelche störenden Geräusche machte. Einmal tief durchatmen. Ich richtete mich wieder auf und mich durchfuhr es wie ein Stromschlag. Etwa 20 Meter vor mir stand ein Stück Rotwild. Ich habe weder gesehen noch gehört, wo es her gekommen war. Der Wind kam schon die ganze Zeit stabil von vorn, aber auf diese kurze Distanz durfte ich jetzt keine sichtbare Bewegung mehr machen. Das Stück hatte zwar verhofft, mich aber nicht eräugt und so stand es für einen Moment unschlüssig da und ich griff in Zeitlupe zum Gewehr. Meine bisherigen Erfahrungen mit dieser Wildart haben mich im ersten Moment des Erkennens sofort zu einer Entscheidung gebracht. Ich war mir absolut sicher, dass ich hier ein Schmaltier vor mir hatte. Ich entsicherte, spannte das Gewehr, stach ein und hatte das Stück sofort im Zielfernrohr. Aber es zog von mir weg und ich hatte nicht genügend Trefferfläche, um einen sauberen Schuss anzubringen. Es verhoffte, zog wieder ein paar Schritte und näherte sich immer mehr der Fichtendickung. Ich spürte meinen Puls, der Punkt des Zielfernrohres war jedoch fest auf dem Tier. Und da, da stellte es sich plötzlich Blatt und der Schuss war raus. Im Feuer riss es das Stück herum und es flüchtete auf der Fährte, auf der es gekommen war. Ich repetierte sofort, wusste aber, dass ich getroffen haben musste. Nach etwa 40 Metern wurde es langsamer und kam noch vor dem Weg zum Erliegen. Ich

86

blieb einen Moment innerlich zitternd mit dem Punkt auf dem Stück, dann konnte ich das Gewehr entspannen und sichern. Jetzt begann ich auch äußerlich zu zittern. Da ich nach Abgabe eines Schusses verpflichtet war anzurufen, begab ich mich umgehend zum Auto, fuhr zu meinem Nachbarn und rief ihn von unterwegs aus an. Meine Aufgeregtheit konnte ich nicht verbergen und meine Unruhe übertrug sich auf unseren Jagdaufseher. Was wäre, wenn dort jetzt etwas Falsches liegen würde? Da das Stück direkt am Wegrand lag, konnte der Jagdaufseher bereits im Vorbeifahren schon erkennen, dass „das gut aussieht." Es fielen mir einige Steine vom Herzen und jetzt konnte ich mich so richtig freuen. Was für ein Abend, was für ein Erlebnis. 48 Kilogramm hat das Schmaltier aufgebrochen gewogen und wir beide saßen noch lange am Forsthaus und freuten uns gemeinsam über den gelungenen Abend. Erster Ansitz auf Rotwild und gleich der erste Jagderfolg. Es war ein unvergessliches und irgendwie auch angemessenes Erlebnis für das erste Stück Rotwild im „eigenen" Revier.

Dann war die Zeit der Geburt meiner Tochter gekommen, ein ebenfalls unvergessliches Erlebnis, dem ich beiwohnen durfte. Logischerweise trat die Jagd während dieser Zeit komplett in den Hintergrund und erst zwei Monate später zog es mich wieder hinaus.

Weitere zwei Monate später bekamen wir Ärger durch Wiesenschäden, die unser Schwarzwild verursacht hat. Es war genau dort, wo ich vier Jahre zuvor den Fuchs von der Terrasse aus erlegen konnte. Das Schwarzwild kam nachts von oben aus dem Wald die Wiese herunter bis zwischen die Häuser, die an der Ortsstraße lagen. Ich wurde gebeten, mich der Sache anzunehmen und das wollte ich auch tun. Nur, wie sollte das funktionieren? Es war Mitte September, wir hatten fast Neumond und ich hatte kein Nachtzielgerät, was damals rechtlich auch überhaupt nicht zulässig gewesen wäre. Hinzu kam die fehlende Ansitzmöglichkeit und zu guter Letzt waren auch noch die Rinder auf der Wiese. Das war jagdlich gesehen von vornherein zum Scheitern verurteilt. Nun denn... Ich stellte den Wecker auf drei Uhr morgens, zog mich an und ging hinaus in die stockschwarze Nacht. Im Hof blieb ich stehen und überlegte, ob ich die 300 Meter zu Fuß die Straße hinunter laufen sollte, oder ob ich lieber das Auto nähme. Ich entschied mich, aus Sicherheitsgründen das Auto zu nehmen. Zum einen war es immerhin eine 70er Zone, die hier durch das Tal führte und der ein oder andere nahm es mit den 70 Kilometern pro Stunde nicht allzu genau, zum anderen wollte ich kein Aufsehen erregen, wenn ein Nicht-Einheimischer durch das Tal fährt und da steht einer mit einem Gewehr auf der Straße. Und natürlich kam noch der am wenigsten wahrscheinliche Grund hinzu: im Erfolgsfall musste ich die Sau ja auch irgendwie abtransportieren können. Also, mit Weidestock, Fernglas, Ohrenschützern und Gewehr fuhr ich mit dem Auto meines Schwiegervaters die Straße hinunter. Nach der großen Kurve wendete ich das Auto und stellte es in der Bushaltestelle ab. Da um die Uhrzeit glücklicherweise noch kein Bus fuhr, konnte ich also entspannt aussteigen, mein Gewehr schultern und mit meinem geliebten Weidestock loslaufen. Kein Licht brannte, kein Auto war weit und breit zu sehen oder zu hören. Es war finster und nahezu still. Jedoch waren die Rinder leise zu hören. Und tatsächlich konnte man im Fernglas die großen schwarzweißen Tiere erkennen. Ich lief leise und langsam die Straße hinauf, der Wind kam als klassischer Talzug von vorn und plötzlich blieb ich stehen und lauschte angestrengt in die Wiese. Diese Geräusche kamen nicht von den Rindern. Da waren Sauen! Das Herz begann schneller zu schlagen. Ich war jetzt auf Höhe des Hauses mit der Terrasse angelangt und konnte im Fernglas dunkle Punkte auf dunkler Wiese ausmachen. Mehr allerdings nicht. Ich schlich in gebückter Haltung noch einige Meter, dann verließ ich die Straße und

88

legte mich an den direkt am Straßenrand beginnenden Hang. Die Wiese war klatschnass, aber das spürte ich kaum. Ich richtete mich so ein, dass ich komplett flach lag und der Lauf des Gewehres nur durch meine am Boden aufliegende linke Hand geführt wurde. Das Fernglas als Gewehrauflage konnte ich dafür nicht verwenden, das benötigte ich schließlich noch zum Suchen der Sauen. Ich konnte inzwischen einigermaßen sicher im Fernglas dunkle Punkte ausmachen, aber im Zielfernrohr war nichts zu erkennen. Wo waren die Rinder? Ich glaste den gesamten Hang ab, den ich aus dieser Position einsehen konnte, aber sie waren nirgends zu entdecken. Sie hielten sich offenbar alle links von mir auf, verdeckt durch das Haus. Das beruhigte mich, dennoch hatte ich immer wieder ein Auge auf den Hintergrund, denn schließlich wollte ich es nicht bis in die Tageszeitung mit meiner Pirsch schaffen. Ich drehte meinen Kopf nach hinten und sah die ganz schwache Sichel des abnehmenden Mondes, der jetzt über dem Falkenberg aufgegangen war. Einerseits wünschte ich mir mehr Licht, andererseits wusste ich, sobald auch nur der Hauch von Dämmerung beginnen würde, wären die Sauen wieder zurück im Wald. Ich begann, die Nässe des Grases durch meine Hosenbeine zu spüren und wechselte immer unruhiger zwischen Fernglas und Zielfernrohr hin und her. Dieses hatte ich schon bis auf dreifache Vergrößerung zurückgedreht, um so viel wie irgend möglich erkennen zu können und plötzlich konnte ich die Silhouette einer Sau erahnen. Noch einmal schnell das Fernglas hoch - Ja, da stand die Sau! Nun wusste ich auch wo vorn und hinten war. Zurück ins Zielfernrohr und da war wieder der Schatten. Kumms! Der Schuss hallte von allen Seiten zurück und es fiepte in meinem rechten Ohr. Die Ohrenschützer hatte ich vergessen aufzusetzen. Ich repetierte und lag still da. Trotz des Fiepens hörte ich, wie die Sauen im Wald verschwanden. Auf der Wiese konnte ich nichts liegen sehen, vernahm aber von dort deutlich das Grunzen einer Sau. Und jetzt? Eine Taschenlampe hatte ich nicht bei mir, die lag im Auto. Sollte ich mich allein der Sau stellen? Es war 3.45 Uhr und ich beschloss, den Jagdaufseher anzurufen. Völlig überraschend meldete er sich aus dem Auto. Er war auf dem Heimweg und würde gleich da sein. Was für ein Glück. Als er ankam, berichtete ich ihm, was sich zugetragen hatte und dann gingen wir mit Taschenlampen, Gewehr und Messer die Wiese hoch. Inzwischen war die Sau jedoch verendet und mir fiel mehr als ein Stein vom Herzen. 40 Meter betrug die Schussentfernung und aufgebrochen wog die Sau 38 Kilogramm. Trotz der nassen Kleidung und der frühen Uhrzeit mussten wir unbedingt darauf noch einen Schnaps trinken. Der war aber in erster Linie zur Beruhigung, denn diese Pirsch, die eigentlich von vornherein zum Scheitern verurteilt war, war verdammt nervenaufreibend gewesen. Aber Ende gut, alles gut. Das Wildschwein war erlegt, die Rinder haben überlebt und wir konnten uns beim Besitzer der Wiese wieder sehen lassen.

Veränderungen über Veränderungen

Die einzige Konstante ist die Veränderung, so sagt man. Und im Jahre 2017 änderte sich sehr viel. Bereits zwei Jahre zuvor hatte es in Ober-Sensbach einen neuen Mitpächter gegeben. Dieser übernahm nun immer mehr die Verantwortung. Während ich zu diesem Herrn ein gutes und respektvolles Verhältnis hatte, war die Zusammenarbeit zwischen diesem Herrn und dem Jagdaufseher im Laufe der Zeit immer schwieriger geworden, so dass sie schließlich beendet wurde. Bis ein neuer Jagdaufseher gefunden war, übernahm ich kommissarisch die wichtigsten Aufgaben, wann immer es meine Freizeit zu ließ. Ich kümmerte mich um die Instandsetzung des reviereigenen Traktors, versorgte das Rotwild im Gatter am Forsthaus, kontrollierte die Kirrungen und wachte über den Zustand des Reviers.
Da auch der Abschussplan noch weibliches Rotwild frei gab, nutzte ich natürlich auch diese Gelegenheit. Es war schon komisch, nach so langer Zeit in diesem Revier jetzt eigenverantwortlich zu handeln. Natürlich war es aber auch ein tolles Gefühl, in diesem großen, wunderschönen Stück Natur weidwerken zu dürfen.

Und so konnte ich Ende Januar noch ein Schmaltier am sogenannten „Steinkopf" erlegen, das 50 Kilogramm aufgebrochen wog. Da ich ja nun allein im Revier war, rief ich meinen Optikerfreund an, der mir dann half, das Stück zu bergen. Mein Nachbar kam auch gleich herüber, als er sah, dass ich Weidmanns Heil hatte und so standen wir noch eine Zeit zu dritt in der Scheune meines Schwiegervaters, unterhielten uns und froren uns den Hintern ab. Ja, der Steinkopf war schon ein toller Platz. Ein Stück Hochwald mit einer Kanzel, in der man schlafen konnte,

91

am entferntesten Punkt des Reviers, wohin sich normalerweise keine Menschenseele verirrte. Und diesen Platz wählte ich auch Anfang April, da ich dort die Sauen am häufigsten bestätigen konnte. Es war Vollmond und ich fuhr mit beginnender Dämmerung hinaus. Der Wind war still und ich hatte eine perfekte Sicht. Die Bäume hatten noch keine Blätter und so strahlte der Mond mit einer Helligkeit in den Wald, dass man beinahe hätte Zeitung lesen können. Gegen 22 Uhr vernahm ich ein Geräusch aus den etwa 80 Meter vor mir liegenden Fichten, und kurz darauf kam ein Überläuferkeiler direkt auf die Kirrung gezogen. Die Sau hatte bestimmt 60 Kilogramm und war auch durch das Zielfernrohr in allen Details ansprechbar. Fasziniert beobachtete ich das Tier und überlegte, was ich tun sollte. Schließlich entschied ich mich, den Finger gerade zu lassen. Wenn man eines Tages einen reifen Keiler erlegen möchte, dann sollte man einen solch gut veranlagten Überläufer auch schonen. Nach einer halben Stunde verabschiedete sich das Schwein und es kehrte wieder Ruhe ein. Ich hatte Tage zuvor eine Überläuferrotte anhand ihrer Trittsiegel bestätigt und auf diese wollte ich warten. Aber nur bis Mitternacht. Immerhin war Sonntag und ich wollte am nächsten Morgen um sechs Uhr wieder in Frankfurt an der Arbeit sein. Die Zeit verging und schließlich machte ich mich enttäuscht auf den Heimweg. Etwa 100 Meter vor dem Auto, ich hatte gerade den Wildacker passiert und stand auf dem Weg mitten im Fichtenwald, da hörte ich sie. Sie wechselten mich direkt an. Ich hatte meinen Repetierer im Anschlag, war schussbereit und suchte durch das Zielfernrohr nach dem Ursprung der Geräusche. Da war ein Schatten! Er kam direkt auf mich zu. Meine erste Gewichtsschätzung lag bei etwa 40 Kilogramm. Der Wind kam von vorn, also würden die Tiere keine Witterung von mir bekommen. Mein Herzschlag war für mich sehr deutlich spürbar. Die Sau kam immer näher. Und da, dahinter war ein zweites Stück zu erkennen, die gleiche Größe in etwa. Es musste die Überläuferrotte sein. Ich fühlte, dass Sauen

92

auch bereits auf dem Weg sein mussten, auf dem ich stand, aber mein roter Punkt blieb auf dem Wildschwein, das ich als erstes im Licht erkennen konnte. Nur noch wenige Augenblicke und ich musste eine Entscheidung treffen. Doch im letzten Moment war Diana mir hold und die Sau änderte leicht die Richtung, das Blatt wurde sichtbar und der Schuss war raus. Geblendet durch das Mündungsfeuer, repetierte ich, ging erst einmal drei Schritte rückwärts und suchte im Zielfernrohr nach den Sauen. Diese wussten offensichtlich nicht so richtig, woher die Gefahr kam und zogen langsam weg, jedoch ohne dass ich ein weiteres Stück in Anblick bekommen hätte. So, erst einmal durchatmen und warten. Ich war überzeugt, dass das Stück liegen würde, ohne dass ich es jedoch sehen konnte. Nach fünf Minuten wagte ich es und fand die Sau am Anschuss verendet. Die Schussentfernung betrug exakt zehn Meter. Da ich wusste, dass mein Optikerfreund auch in seinem Revier ansitzen wollte, wagte ich es, ihn um kurz nach Mitternacht anzurufen. Und siehe da, er war gerade zu Hause angekommen, zog sich wieder an, kam mit seiner Lebensgefährtin und half mir, die Sau zu bergen. Geteilte Freude ist doppelte Freude. Ich war sehr glücklich und ihm sehr dankbar für die Hilfe, die er mir zu sehr später Stunde gewährte.

Im Laufe der nächsten Wochen wurde ein neuer Jagdaufseher für das Revier gefunden. Wir kannten uns bereits flüchtig und verstanden uns auf Anhieb sehr gut. Ich durfte ihn sozusagen einarbeiten und gab mein Wissen weiter, welches ich im Laufe der Jahre erworben hatte. Auch der frühere Jagdaufseher stand ihm bei Fragen zur Verfügung und so erhielten wir beide zum Dank eine Einladung in das eigene Revier des neuen Jagdaufsehers nach Rimbach. Mir wurde der „Birkensitz" zugeteilt, der eigentlich den Namen Kaiserstuhl verdient gehabt hätte. Es war eine relativ kleine Leiter, zumindest im Vergleich zu Ober-Sensbach, allerdings saß man darauf wie auf einem

Thron. Man hatte eine mehrere Hektar große Wiese vor sich, die rundum vom Wald eingeschlossen war. Man konnte auch in westlicher Richtung sogar noch etwas in die Ferne schauen, so dass das einfach für mich ein traumhafter Platz war. Es war Mitte Juli und die Blattzeit war in vollem Gange. Ich sah eine Ricke hier und einen jungen Bock da, jedoch nichts, was zum Abschuss in Frage kam. Es knallte in relativer Nähe und ich vermutete, dass mein Nachbar wohl einen passenden Bock beschossen haben würde. Jedenfalls verging die Zeit und mir wurde plötzlich schlecht. Die Auswirkungen der größten Veränderung in meinem Leben wurden für mich spürbar. Ich hatte wenige Tage zuvor die Entscheidung für mich treffen müssen, meine Frau zu verlassen und damit auch meine kleine Tochter. Trotz der reiflichen Überlegung und bei aller Richtigkeit dieses für mich notwendigen Schrittes, wurde ich von der Heftigkeit aller Gefühle und besonders von der Angst bei der Frage um die Zukunft durchgeschüttelt. Ich wollte gern weg, war aber gezwungen, auf dem Platz sitzen zu bleiben, bis ich abgeholt wurde. Ich atmete tief aus und ein, erinnerte mich an die motivierenden, kraftvollen Worte aus dem Film mit den jamaikanischen Bobfahrern und schließlich gelang es mir, wieder zur Ruhe zu kommen. Nun war es inzwischen nach sieben Uhr und als ich dachte, dass ich gleich abgeholt werden würde und jetzt sowieso nichts mehr kommt, da trat am gegenüberliegenden Ende des Waldes ein Reh aus. Kurz darauf ein zweites. Ich erkannte in ihm einen Bock, einen Bock, an dem irgendetwas nicht stimmte. Die Entfernung betrug etwa 300 Meter und so nahm ich das Gewehr, drehte die Vergrößerung des Zielfernrohrs auf zwölffach und erkannte, dass der Bock eine verkürzte Stange auf der rechten Seite hatte. Somit sprach man von einem abnormen Bock. Mit einem Mal kam das Jagdfieber wieder in mir auf. Ich wartete einige Minuten, jedoch zogen die beiden Stücke nicht entscheidend näher. Ein Schuss auf diese Entfernung kam nicht in Frage. Was also tun? Nach der Hälfte der Entfernung, fiel die Wiese um einige Meter ab. Es gab eine richtige Senke und rechts davon wuchs ein ungefähr fünf Meter breiter Gebüschstreifen, der fast bis zum Wald reichte. Ich sah mir alles ganz genau an und kam zu der Überzeugung, dass ich eine Chance hätte, wenn ich nach rechts im großen Bogen zur Hecke pirschen würde und von dort aus liegend schießen würde. Soweit die Theorie. Zu meiner linken sah ich auf 150 Meter ein einzelnes Schmalreh, das Richtung Waldrand zog. Dieses konnte mir nicht gefährlich werden, auch wenn es doch vielleicht schreckend abspringen würde. Der Bock konnte dieses Stück nicht sehen und keine Verbindung zu mir herstellen. Also los, Gewehr und Fernglas in die Hand, gebückte Haltung und so schnell wie es selbige zu ließ, in Richtung Hecke. Nach diesem 100 Meter „Sprint" wagte ich mich, in Hockstellung um die Ecke herum zu sehen. Beide Stücke waren noch da. Ich legte mich auf den Bauch und rutschte in tiefster Gangart, wie wir es einst bei der Bundeswehr gelernt hatten, bis ich um die Ecke herum war und gerade liegend auf den Bock zielen konnte. Das Gelände war aber hier schon abfallend und so musste ich die Waffe höher halten, um dies auszugleichen. Mit der Hand funktionierte das nicht, da der Bock noch immer weit über 100 Meter entfernt war und es einfach zu sehr wackelte. Also bemühte ich mein großes 8x56 Fernglas und konnte eine einigermaßen stabile Konstruktion herstellen. Das Herz begann wieder zu schlagen. Jetzt konnte ich auch das Gehörn besser sehen. Die rechte Stange war nach wenigen Zentimetern abgeknickt und nach rechts hinten gewachsen. Ein solches Gehörn hatte ich bis dahin noch nie gesehen. Der Bock stand jetzt vollkommen breit und der Punkt wanderte leicht, jedoch nur in horizontaler Bewegung. Ich wurde selbst vom Knall überrascht, sah wie der Bock zeichnete und im Wald verschwand. Und mit ihm die Ricke. Ich stand auf, klopfte mich ab und ging erst mal zum Sitz zurück. Dann kamen auch die beiden Herren schon, die mich nun abholen wollten und ich erklärte ihnen das Geschehene.

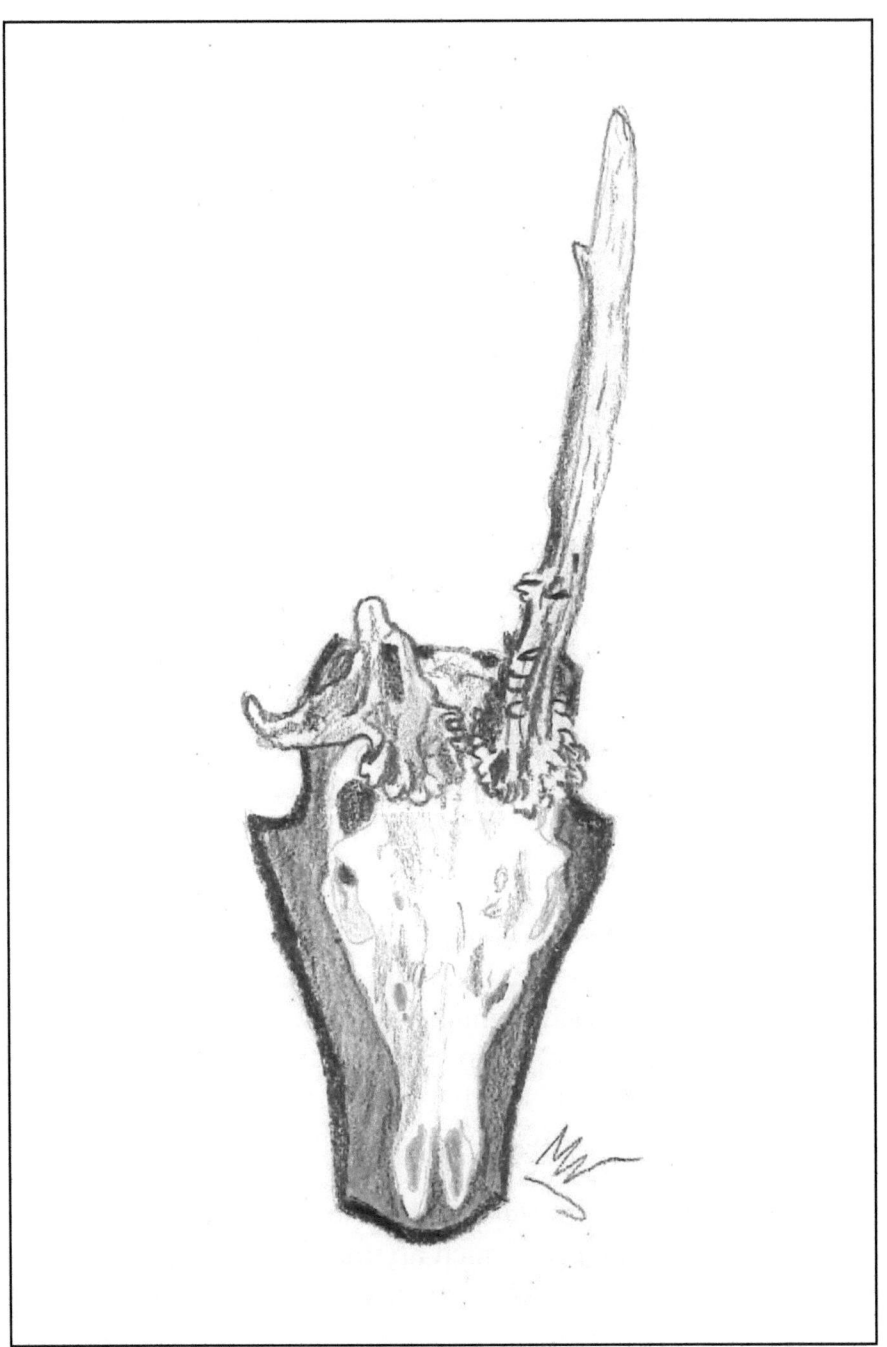

Wir vereinbarten, dass ich zur Stelle der Schussabgabe lief und ich sie für die Nachsuche einweisen sollte. Es dauerte nicht lange und ich hörte Stimmen: „Oh Martin, oh je! Das wird teuer!" Im ersten Moment interpretierte ich diese Aussage falsch und überlegte, was ich da jetzt falsch gemacht haben könnte. Jedoch stellte sich schnell heraus, dass der Bock nicht nur verendet gefunden wurde, sondern dass mit diesen Worten gemeint war, dass ich nicht nur eine kleine Runde dafür ausgeben müsste. 16 Kilogramm hat der Bock aufgebrochen gewogen und die Schussentfernung betrug 148 Schritte. Auch mein Nachbar hatte ein seltenes Weidmanns Heil, denn sein Bock wurde mit einem reifen Alter von sieben Jahren bemessen. Für mich wird diese Trophäe für immer eine ganz besondere Bedeutung an meiner Wand haben. Sie ist ein Symbol dafür, wie eng Freud und Leid beieinander liegen können.

Veränderungen über Veränderungen Teil II

Wo sich eine Tür schließt, öffnet sich eine andere. Nicht nur mein Leben war von grundlegenden Veränderungen betroffen, auch das meiner Jagdhornbläserkollegin Simone. Wie ich, war sie an einem Punkt in ihrem Leben angekommen, an dem es so nicht mehr weiter ging und sich etwas ändern musste. Auch sie wagte einen kompletten Neuanfang und weil wir sehr gut befreundet waren, wollten wir dies zusammen wagen. Über eine Freundin von ihr fanden wir eine Wohnung in Hammelbach. Aber, auch unsere Freundschaft sollte sich verändern. Inzwischen sind wir glücklich miteinander verheiratet.

Die ersten drei Monate in Hammelbach waren eine Zeit, in der die Jagd komplett ruhte. Und das war auch vollkommen in Ordnung. Durch die ganzen Veränderungen ergaben sich derart viele Probleme, die mich so schwer belastet haben, dass ich nicht in der Lage gewesen war, die Jagd auszuüben. Aber mit der Hilfe meiner Frau, meiner Familie und meiner Freunde, konnte ich auch diese schwierige Zeit hinter mir lassen.

Meine jagdliche Zukunft wurde bereits am Tage meines Einzugs in die neue Wohnung geklärt. Simone und ich füllten gerade die Papiertonne, als hinter mir ein Geländewagen lang fuhr. Instinktiv drehte ich mich um und erkannte den Fahrer. Auf der letzten Drückjagd in Ober-Sensbach hatte ich diesen Mann angestellt, ihm also seinen Standort für diese Jagd zugewiesen. Er erkannte auch mich, hielt an und fragte, was ich denn hier mache? Als ich antwortete, dass ich gerade in dieses Haus einziehen würde, freute er sich darüber und erwiderte, dass er ja Revierpächter von Hammelbach sei. Wir würden in

Verbindung bleiben. Ich freute mich sehr über diese mögliche Aussicht.

Und Mitte Februar 2018 wurde ich erstmalig auf eine kleine, aber feine Drückjagd eingeladen. Wir waren zu sechst und wollten einige Dickungen durchdrücken, in der Hoffnung, das ein oder andere Stück Schwarzwild oder einen Fuchs zu erlegen. Wir fuhren Richtung Schardhof, stellten die Autos im Wald ab und verteilten uns. Ich wurde am „Brandschneiders Kreuz" unterhalb einer Fichtendickung angestellt. Der anschließende Hochwald war dennoch von vielen Bäumen geprägt, so dass ich für mich entschied, dass Zielfernrohr besser herunter zu machen, da es die Möglichkeit, frei zu sehen und zu zielen, doch stark einschränkte. Die Schwierigkeit dabei war, dass ich bisher noch nicht ein einziges Stück Wild auf diese Art und Weise beschossen, geschweige denn erlegt hätte. Ich versteckte mich hinter einem relativ dicken Baum, machte Zielübungen und wartete. Plötzlich vernahm ich aus der Dickung heraus ein Geräusch und sah, wie ein Fuchs auf mich zuschnürte. Ich nahm vorsichtig meinen Repetierer hinter dem Baum hoch und versuchte, den Fuchs anzuvisieren. Da verhoffte er plötzlich und stand halb schräg von mir weg. Die Läufe waren nicht zu sehen, jedoch der Rest vom Körper. Ich brachte freihändig stehend Kimme und Korn auf den Wildkörper und zog am Abzug. Im Feuer brach der Fuchs zusammen. Ich repetierte und zielte weiterhin in die Richtung der Fähe, aber sie war längst verendet. Es war an diesem Tag der einzig abgegebene Schuss. So war ich stolzer Jagdkönig und natürlich innerlich sehr froh, im eventuell neuen Revier einen solchen Einstand gehabt zu haben. Ein echter Sonntagsschuss an einem Samstag.

Und so kam es dann auch. Nach einem Gespräch mit den beiden Pächtern, erhielt ich die Erlaubnis in Form eines Begehungsscheines, im Revier Hammelbach jagen zu dürfen. Dieses ist keine 300 Hektar groß und ein reines Niederwildrevier, das störte mich jedoch in keinster Weise. Ich hatte das Glück, wieder ein Revier direkt vor der eigenen Haustür zu bekommen.

Im ersten Jagdjahr konnte ich insgesamt fünf Stück Rehwild und zwei Füchse erlegen, wobei diese meine erste Erfahrung mit der Räude gewesen sind. Den ersten der beiden konnte ich Mitte Januar erlegen. Ich saß eines Abends im sogenannten „Klohäusel" und schaute über eine große Wiesenfläche. Ein wenig Schnee war kurz zuvor gefallen und der Wind bließ noch viel kälter, als es ohnehin schon war. Es war kurz vor halb neun, als ich rechts unter mir einen Schatten über die Wiese laufen sah. Der Fuchs zog zum Luderplatz, der gute 100 Meter entfernt war. Ich drehte mich auf dem Sitz bestmöglich herum, schob das Gewehr aus dem Fenster und musste feststellen, dass es so nichts werden würde. Den Punkt im Zielfernrohr bekam ich nicht ruhig auf den Fuchs. Es wackelte und ich drohte zu verkrampfen. Also musste Plan B her, nämlich über die linke Schulter zu schießen. Ein paar Mal hatte ich das schon auf einem Sitz geübt, aber noch nie dabei einen Schuss abgegeben. Auch in dieser Haltung schaffte ich es nicht, den Punkt absolut ruhig auf den Fuchs zu bekommen. Nachts und auf diese Entfernung wird so ein Fuchs verdammt klein im Verhältnis zu dem roten Punkt. Ich atmete tief ein und aus und krümmte den Finger. Ein Knall, ein Schmerz und ein flüchtender Fuchs, das registrierte ich als nächstes. Der linke Daumen war am Nagelbett aufgerissen und blutete. Wie ich das geschafft habe, weiß ich bis heute nicht. Jedenfalls war der Schmerz gerade noch so zu ertragen, ohne dass ich nach Sanitätern rufen musste. Viel mehr machte mir auch der Gedanke zu schaffen, warum der Fuchs geflüchtet war. Hatte ich gefehlt? Nein, nach beinahe 40 Metern fand ich den Rüden am Heckenrand. Er war so stark von der Räude befallen, dass er fast kein Fell mehr trug. Der Anblick war mitleiderregend und ich war heilfroh, diesen Fuchs von seinen Leiden befreit zu haben. Wie es sich für ordentliche Weidleute

100

und Jagdhornbläser gehört, haben Simone und ich dem Fuchs am nächsten Tag die letzte Ehre mit dem entsprechenden Totsignal erwiesen. Mit meinem Vater trank ich einen Schnaps auf den jagdlichen Erfolg. Es ist etwas Besonderes, die Möglichkeit zu haben, mit seinem Vater jagen zu können und auch auf das erlegte Wild mit einem Schnaps „Weidmanns Heil" trinken zu dürfen. Über einige Jahre hinweg war das Verhältnis schwierig gewesen, mit Hilfe von Simone konnte ich dieses jedoch in Ordnung bringen, was Vater und Sohn schließlich auch wieder im Wald vereinte.

Die alte Lady

Das Jagdjahr 2020/2021 hatte begonnen. Das größte und gefühlt einzige Thema war schlicht und einfach Corona! Das ganze Land stand plötzlich still. Jeder war davon betroffen, direkt oder indirekt. Bis heute, dreimal auf Holz geklopft, war die ganze Familie nur indirekt betroffen. Auch in meiner Berufssparte hatten zu Beginn der Pandemie die Unsicherheiten am Markt dafür gesorgt, dass Kurzarbeit angewiesen werden musste. Über Vorteile im Zusammenhang mit der Pandemie zu schreiben, ist sicherlich sehr gewagt, für mich jedoch hatte dies den Vorteil, dass ich zum ersten Mal im April Zeit für das Revier und für die Jagd hatte. Ich konnte im Frühling praktisch draußen den Blumen und den Blättern beim Wachsen zuschauen, beobachtete das Verhalten des Wildes und konnte im Revier rumwerkeln. Die Jagdzeit für Rehwild war auf den ersten April vorgezogen worden und so konnte ich bereits Ende April und Anfang Mai drei Schmalrehe erlegen.

Der gemeinschaftliche Teil der Jagd war jedoch leider komplett zum Erliegen gekommen. Keiner traute sich mehr, sich mit irgendjemandem zu treffen und so wurde über lange Zeit nur noch telefonisch miteinander kommuniziert. In einem der Telefonate mit den Pächtern wurde mir mitgeteilt, dass in Hammelbach noch eine Kanzel fehlen würde. Man muss dazu wissen, dass in diesem Revier, gemessen an dessen Größe, überproportional viele Ansitzmöglichkeiten stehen. Es war keine darunter, die nicht zweckmäßig oder strategisch nicht sinnvoll gewesen wäre, aber diese eine sollte am Punkt X noch sein. Da waren sich die Pächter einig. Nur, wer sollte die bauen? Es wurde ein Projekt der Familie Radoi. Mein Vater hatte seit kurzem das

102

Arbeitsleben nach über vier Jahrzehnten erfolgreich hinter sich gebracht hat und somit hatte er genügend Zeit, um mit seinem Sohn nach vielen Jahren wieder einmal zusammen eine Kanzel zu bauen. Mehr Teilnehmer wären auch gar nicht möglich gewesen, da sich jeder nur noch auf die allerengsten Familienmitglieder kontakttechnisch beschränkte. Wir schauten uns einmal die Stelle an, wo der Sitz später stehen sollte und dann ging es auch schon ans Werk.

Vater hat die Fähigkeiten, ohne jegliche Skizzen oder Anleitungen einfach aus dem Kopf heraus so etwas zu bauen. Wenn ich auch sehr viel von ihm geerbt habe, davon hätte es gern ein bisschen mehr sein dürfen. Die Zeit des Bauens auf dem reviereigenen Bauplatz war schön. Es war alles viel entspannter als früher, unter anderem auch, weil wir einfach keinen Stress hatten. Für mich ergab sich sogar die Möglichkeit, einen Friedensvertrag mit Hammer und Nagel zu schließen. Viel zu oft hatte es bei mir immer wieder krumme Nägel beim Einschlagen in das Holz gegeben. Wahlweise waren daran früher entweder der Hammer oder die Nägel oder beides schuld. Mit fortgeschrittenem Alter wurden der Hammer und die Nägel glücklicherweise einsichtiger. War das Etappenziel erreicht, so gab es für jeden eine Flasche Radler und belegte Brötchen im Wald. Als das Grundgerüst fertig war, wurde vom Pächter der große Anhänger organisiert und das gute Stück verladen. Hier waren wir erstmalig nach langer Zeit wieder zusammen gekommen und konnten aufgrund der Größe der Kanzel trotzdem genügend Abstand halten. Diese an Ort und Stelle im Schräghang des Stahlberges zu verbringen, war ein ziemliches Abenteuer, zumal Stacheldraht als Einzäunung für die Weide uns den Zugang verwehren wollte. Schließlich stand sie aber so, wie sie stehen sollte. Schön, aber noch lange nicht fertig. Die restlichen Arbeiten vollzogen Vater und ich wieder allein. Was die Zeit für Veränderungen mit sich bringt, war beim Befestigen des Daches zu merken. Es oblag erstmalig meiner Wenigkeit, auf das

Dach zu klettern, um selbiges zu befestigen. Und das war auch richtig so. Immerhin war Vater nun Rentner und da sollte jetzt langsam mal der Generationenwechsel vollzogen werden. Er hatte sein Soll mehr als übererfüllt. Schließlich legten wir noch einen Pirschpfad an und dann war das Werk endlich vollbracht. Jetzt fehlte nur noch ein Name. Der Pächter meinte zwar, dass diese die Radoi-Kanzel werden sollte, aber irgendwie zierte ich mich davor. Wäre immer der Erbauer oder der erste Erleger auf einem neuen Sitz der Namensgeber, dann hätte es schon einige Kanzeln mit dem Namen Radoi geben müssen. Aber vielleicht würde mir ja irgendwann etwas Passendes einfallen. Der Tag sollte schließlich kommen.

Es war Anfang November, als ich mich für diesen Sitz entschied, um den weiblichen Rehwildabschuss voran zu bringen. Traditionell ist es um diese Zeit extrem schwierig, das Wild noch rechtzeitig vor dem Dunkelwerden in Anblick zu bekommen. Hier war aber bisher Ruhe gehalten worden und außerdem kamen nicht so oft Spaziergänger vorbei. Ich war also sehr gespannt und freute mich auf diesen Sitz, der schon jetzt etwas Besonderes für mich geworden war. Lange passierte nichts. Aber dann kam gegen viertel sechs doch noch ein Stück in Anblick. Aus dem Sumpfgebiet kam zunächst ein Bock gezogen und dahinter erkannte ich noch ein weibliches Stück. Sie passierten den Stacheldraht und wechselten langsam auf die Wiese heraus. Die Entfernung betrug bis dahin etwa 120 Meter. Das vermutete Schmalreh stand immer spitz zu mir und zog auf mich zu. Die Wiese wurde von dem kleinen Fluss Weschnitz durchzogen, der den Wiesen, dem Tal und dem Nachbarort seinen Namen gab. Schließlich übersprangen beide Stücke das Wasser. Jetzt stand das weibliche Stück breit und ich konnte es durch das Zielfernrohr genauer ansprechen. Sofort wurde mir klar, dass dies kein Schmalreh war. Das Reh war lang und groß, wirkte anmutig, ja fast schon majestätisch. Der stolze Brustkorb ließ die Vorderläufe recht weit hinten erscheinen, große Lauscher, ein langer

104

Träger, das mußte eine alte Geltricke sein, also ein Stück, das keinen Nachwuchs mehr führt. Vor knapp zehn Minuten hatte ich die beiden erstmalig erspäht und es war nirgendwo ein Kitz auszumachen. Der Entschluss stand fest und noch bevor ich innerlich nervös werden konnte, war der Schuss bereits draußen. Auf knapp 70 Meter hatte die 30-06 das Reh im Feuer verenden lassen. Darüber war ich wieder einmal sehr froh, so blieb mir eine Nachsuche in den sumpfigen Weschwiesen kurz vor der totalen Dunkelheit erspart. Aufgebrochen wog das Stück 18 Kilogramm und wir schätzten das Alter auf mindestens acht Jahre. Bis dato hatte ich noch kein solch altes Stück Rehwild erlegt. Und da kam mir plötzlich der Gedanke mit dem Namen für den Sitz. Das erste Stück Wild, das von dieser Kanzel aus erlegt wurde, war ein reifes, weibliches Stück, eine alte Lady.

Ein unvergessliches Jagdjahr

Der Titel dieses Kapitels ist wirklich angemessen. Das, was ich alles im vergangenen Jagdjahr 2021/2022 erleben durfte, lässt mich noch immer erstaunen und auch demütig werden. So viele Erlebnisse, so viel Weidmanns Heil, dazu kein Fehlschuss und auch keine Nachsuche, wenn man von der ein oder anderen kurzen Todesflucht einmal absieht. Ich machte neue Erfahrungen jagdlicher Art, es gab das Ende einer ganz langen Durststrecke, eine fantastische Reise in unser Nachbarland und enden sollte das Jagdjahr auf einem ganz besonderen Sitz.
Es war ein perfektes Jahr und man muss sich dann auch einfach mal trauen, dies so zu genießen. Oder, um es mit den Worten des jetzigen Jagdaufsehers aus Ober-Sensbach zu sagen: „Wenn es Pudding regnet, muss man den Löffel aus dem Fenster halten."

Das erste Weidmanns Heil des Jahres gab es in Vaters Revier in Eichen. Unter der Woche pflegte ich einmal bei meinen Eltern zu übernachten. Dank der Pächter, die es mir erlaubten, meinen Vater begleiten zu dürfen, saßen wir Ende April im Oberwald an. Ich bekam die „Reinhold-Kanzel" zugeteilt und war mit Vaters Drilling bewaffnet. Ich genoss den lauen Abendansitz. Frühlingsduft lag in der Luft und die Vögel gaben ein Konzert, so dass ich mit geschlossenen Augen da saß und lauschte. Das jedoch nicht allzu lang, denn noch waren die Blätter der Bäume nicht so dicht und man konnte auf relativ weite Entfernung das Wild anwechseln sehen. Kurz vor halb neun kamen auch mehrere Stücke gezogen, darunter ein Schmalreh und ein Jährlingsbock. Dem Schmalreh konnte ich auf fünfzehn Meter einen tödlichen Schuss antragen und während ich nachlud, verhoffte der Bock nach kurzer Flucht bereits wieder und ich konnte ihn von der anderen Seite des Sitzes auf 20 Meter beschießen. Der Pächter wurde telefonisch informiert und wir trafen uns alle an der reviereigenen Jagdhütte, um den Jagderfolg zu feiern. Nach langer Zeit mal wieder im Freien zusammen zu sitzen, zu erzählen und gemeinsam das Erlebte zu teilen, das hatte es ewig nicht mehr gegeben.

Inzwischen war es schon wieder Ende Juni und ich bin am Wochenende sommerbedingt sehr zeitig aus dem Bett gestiegen. Ziel des morgendlichen Ansitzes war die Alt-Lechterner Suhle, in der allerdings schon länger keine Sauen mehr gesichtet worden waren. Überhaupt war das Hammelbacher Revier seit meinem Beisein nicht gerade mit Jagderfolgen auf Sauen gesegnet. Mehrmals hatte ich in den ersten drei Jahren ein Stück im Zielfernrohr, ohne dass ich jemals einen Schuss hätte abgeben können. Demzufolge war ich auch nicht gerade euphorisch, was mögliche jagdliche Erlebnisse mit Schwarzwild betrifft. Aber irgendwann musste ja auch mal die längste Durststrecke vorbei gehen. Diese Suhle ist in ein Waldstück eingekesselt und wird links und rechts von einem Hang flankiert. Ein schöner Platz, der einen träumen lässt. 4.50 Uhr nahm ich einen Schatten im linken Auge war. Ich sah nach links, doch da war nichts. Was war es, dass meine Sinne getäuscht hatte? Gar nichts, plötzlich zog auf 20 Meter Entfernung ein größeres Wildschwein vor mir vorbei. Es hatte keinerlei Geräusche verursacht und ich konnte nur noch die Waffe ergreifen und in Anschlag gehen. Ohrenschützer? Keine Zeit dafür! So schnell wie die Sau zog, bekam ich sie gar nicht ins Zielfernrohr. Plötzlich verhoffte sie und zog ein paar Schritte nach oben. Nun hatte ich zwar sicher den Punkt auf der Sau, aber sie stellte sich nicht quer und war zusätzlich von einem Baum verdeckt. Der Puls schlug hörbar. Inzwischen hatte ich das Stück als Keiler angesprochen, etwa drei bis vier Jahre alt und zwischen 60 und 70 Kilogramm schwer.

108

Diese Erkenntnis ließ mich jedoch nicht zwangsweise ruhiger werden. Aber da ergab sich für einen kurzen Moment die Gelegenheit, der Punkt saß knapp hinter dem Blatt und schon war die 30-06 aus dem Lauf. Die Sau beschleunigte urplötzlich und flüchtete in die Richtung, aus der sie gekommen war. Es war ein lautes Gepolter im Wald zu hören und dann war sie auch schon über den Kamm verschwunden. Noch einmal meinte ich, sie in der Ferne zu hören und dann war Stille. Obwohl ich sicher war, dass ich sie tödlich getroffen hatte, bin ich sofort runter vom Sitz und fuhr erst mal nach Hause. Simone musste arbeiten und stand um kurz nach fünf in der Küche mit der Frage im Gesicht, warum ich schon wieder zurück wäre? Ihre Freude war noch größer als die meine und das, obwohl die Sau noch gar nicht gefunden war. Jedenfalls wusste ich schon, dass aufgrund der Größe des Stückes Hilfe bei der Bergung vonnöten war. Da ich zunächst jedoch niemanden erreichen konnte, begab ich mich selbst erst einmal auf Nachsuche. Den Anschuss auf 30 Meter Entfernung sowie die Fluchtfährte, die ich eindeutig beobachten konnte, sollten eigentlich kein Problem darstellen. Tatsächlich war alles diesmal leicht zu finden und oben auf dem Kamm stehend, aktivierte ich meine inzwischen angeschaffte Wärmebildkamera. Da unten lag sie. Mit dem bloßen Auge war sie trotzdem kaum zu sehen, denn sie lag so vor einem Baum versteckt, dass man beinahe hätte vorbei laufen können. Ich näherte mich ihr vorsichtig, konnte dann aber schnell mein Gewehr entladen. Nun erreichte ich einen der Pächter, der mir half, den knapp 65 Kilogramm schweren Keiler zu bergen. Wir saßen anschließend bei seinen Eltern im Garten, tranken ein morgendliches Radler, betrachteten den Keiler, der einen Längsschnitt in einem der Teller aufwies und genossen einfach den Moment. Über vier Jahre hatte es gedauert und nun hatte ich endlich mein erstes Stück Schwarzwild im neuen Revier zur Strecke gebracht. Simone und ich spazierten abends zu unserer Lieblingsbank im Revier und erwiesen dem Keiler musikalisch die letzte Ehre. Die aus seinem Fleisch hergestellten Bratwürste waren so begehrt, dass für uns selbst fast gar nichts übrig blieb.

Ende Juli war es meinem Vater vergönnt, ein Wildschwein in seinem Revier in Eichen zu erlegen. Es war an einem Mittwochmorgen zur Strecke gekommen und da ich meistens Mittwochs bei meinen Eltern verweilte, konnte man ja abends darauf anstoßen. Als ich am späten Nachmittag ankam, wollte Vater noch einmal kurz ins Revier raus, um den Aufbruch zu entsorgen. Ich sollte mitkommen, denn er wollte mir die Stelle zeigen, wo es zum Erfolg gekommen war. Nur, dass ich keinerlei Jagdklamotten dabei hatte. Ich war also mit Jeans, kurzem Hemd und flachen Arbeitsschutzschuhen bekleidet und so fuhren wir hinaus. Wenn es bei meinem Vater eins nicht gibt, dann ohne Gewehr ins Revier hinaus zu fahren. Es kann ja immer mal irgendetwas sein und dann steht man da... Das Gewehr frisst ja kein Brot im Auto, nicht wahr? Wir fuhren die „Trasse" entlang und auf Höhe der „Ronneburg" sahen wir gleichzeitig im Weizen das Haupt eines Rehs herausschauen. Schmalreh, so war der gemeinsame, gleichzeitige Tenor. Ich nahm trotzdem das Fernglas hoch und meinte aber zwischen den Lauschern irgendetwas erkannt zu haben. Was dann passierte, das verwundert mich auch heute noch. Ich übernahm einfach das Kommando und begann, meinen Vater zu dirigieren. „Fahr um die Ecke herum! Halt an! Ich gehe nach sehen! Fahr ein Stück zurück! Reich mir bitte das Kissen und das Gewehr!" Es war, als ob der Herr Baron seinen Chauffeur anwies. Glücklicherweise verstand mein Vater das alles richtig, denn das gesichtete Reh war ein Jährlingsbock, der von der Trophäe her als Abschussbock einzustufen war. Es musste also schnell gehandelt werden. Der Bock konnte jeden Moment wieder weg sein und ich war aufgrund meiner Körpergröße der einzige, der das Gewehr auf dem Autodach auflegen konnte um zu schießen. Ich hatte bis dato noch nie mit Vaters neuem Repetierer geschossen und jetzt war vom Bock nur das

110

Haupt und der Träger zu sehen. Und weg war er. Zack, er war wieder da. Ich zielte lange, konnte mich aber nicht zum Schuss entschließen. Und wieder war das Haupt verschwunden. Ich versuchte mich zu lockern und zu entspannen und sagte Vater, dass ich es noch einmal versuchen würde, wenn er wieder sichtbar wird. Bekomme ich keinen zu verantwortenden Schuss hinaus, brechen wir ab und lassen es gut sein. Keine zwei Minuten später war das Haupt wieder da. Jetzt äugte der Bock nach links und es war deutlich mehr vom Träger zu erkennen. Ich zog am Abzug und als es knallte, sah ich den Bock verschwinden. Vater wünschte mir sofort Weidmanns Heil, aber ich traute dem Ganzen nicht so ohne Weiteres. Ich repetierte und zielte in die Richtung des Bockes, aber es passierte nichts mehr. Ich stand da und musste wieder einmal tief durchatmen. In meinen Halbschuhen, Jeans und Hemd lief ich in den Weizen, um den Bock zu bergen. Es war ein perfekt sitzender Trägerschuss, der den dreizehn Kilogramm schweren Bock im Feuer verenden lassen hat. Die Schussentfernung betrug knapp 100 Meter. Was für eine Jagd. Der Abend auf dem elterlichen Balkon wurde noch lang, denn solch außergewöhnliche Erlebnisse erfordern schließlich auch die entsprechende Würdigung.

Ende August dieses Jagdjahres gab es dann eine Premiere. Ich fuhr mit meinem Vater in unser Nachbarland Polen. Eine Jagdreise hatten wir noch nie zuvor unternommen. Ziel war der Ort Bierznik, knappe zwei Stunden hinter dem Grenzübergang Frankfurt/Oder. Die Autofahrt war insofern gut verlaufen, als dass die Staus immer auf der anderen Seite der Autobahn waren. Endlich angekommen, bezogen wir ein Doppelzimmer auf einem großen Bauernhof und wenig später kamen auch unsere Jagdbegleiter für die nächsten 4 Tage. Arek, der Ältere, der relativ gut Deutsch sprach, nahm sich meines Vaters an und Piotr, der Jüngere, der nur Englisch sprach, wurde mein Begleiter. Er war auch der Revierförster. Wir hatten uns vorab entschieden,

111

auf Schwarz- und Rotwild zu jagen. Beides Wildarten, die in meinem heimischen Revier selten beziehungsweise überhaupt nicht vorkommen. Am meisten freute ich mich jedoch auf das Naturerlebnis. Über 16.000 Hektar zusammenhängende Jagdfläche, in den heimischen Sphären absolut undenkbar. Jagdfilme, die ich mit Vater auf DVD oder im Internet ansah, beflügelten im Vorfeld unsere Fantasie. Kilometerweit keine Menschenseele, einfach nur die Natur und die Tierwelt hören, sehen und erleben. Rotwild bei Tageslicht zu Gesicht zu bekommen und diese faszinierende Wildart beobachten zu können, das war das Ziel meiner Reise. Am ersten Abend sahen wir sehr viel Rehwild und ich hinterfragte bei Piotr die Abschusszahlen. Was da genannt wurde, ließ mich beinahe schwindelig werden. Aber klar, mehr Fläche, mehr Abschuss. Ich ahnte bereits, dass meine Vorstellung von Jagdromantik für diese Leute hier knallharte Arbeit bedeutete. Rotwild bekamen wir keines mehr in Anblick und dann ging es in die Unterkunft zurück. Das Abendessen stand auf dem Programm, aber irgendwas stimmte da nicht. Es standen zwar nur zwei Gedecke auf dem Tisch, aber das Essen war für mindestens vier Personen ausreichend. Es hat wirklich ganz toll geschmeckt, aber trotz aller Bemühungen, war das einfach nicht zu schaffen. Obwohl man hier sehr gut Deutsch verstand, war die Küche auf diesem Ohr taub. Unsere Anmerkung, dass weniger auch reichen würde, wurde auch an den folgenden Tagen komplett ignoriert. Am nächsten Morgen ging es wieder raus und Piotr pirschte mit mir am Rande eines Schilfgebietes entlang. Wenn die Augen an etwas nicht gewöhnt beziehungsweise die Umgebung komplett neu ist, sieht man manchmal den Wald vor lauter Bäumen nicht. Während Piotr bereits das Rotwild inklusive eines Hirsches ausgemacht hatte, sah ich durch mein Fernglas zu Beginn der Dämmerung gar nichts. Das Rotwild zog gen Osten und wir mit ihm. Wie weit wir gelaufen sind, kann ich gar nicht mehr genau sagen, aber irgendwann gelangten wir schließlich zu einer etwa fünf

Meter hohen Kanzel. Davor war eine 20 Meter breite und 150 Meter lange Schussschneise in das Schilf gemulcht worden. Längst war es hell geworden, die Uhr zeigte „6.20" an und der Wind kam schräg von links hinten. Und von links sah ich kurz einen Wildkörper, der aber auch schon wieder verschwunden war. Da war das Kahlwild und plötzlich sah ich aus dem Schilf herausragend ein Geweih. Und was für eins. Lange schwarze Stangen mit hellen Enden, ein Zwölf-Ender war die erste Ansprache. Das Geweih zog immer weiter Richtung Schussschneise, wo das Kahlwild bereits ausgetreten war. In schätzungsweise 100 Meter Entfernung zog das Wild nach rechts wieder in das Schilf. Ich machte mir Sorgen, dass uns der Wind verriet, denn genau dorthin drückte dieser nun. Und da trat der Hirsch aus dem Schilf aus. Was für ein Tier. Meine erste spontane Ansprache war sieben Jahre alt und bestimmt 130 Kilogramm schwer. Der Hirsch zog von uns weg und Piotr begann neben mir zu röhren, so dass der Hirsch sofort reagierte. Er wendete und kam direkt auf uns zugezogen. Ich konnte inzwischen sehen, dass oberhalb von der Augsprosse noch ein weiterer heller Punkt zu sehen war, klein, aber sichtbar. Der Hirsch erschien mir als noch zu jung, Piotr jedoch gab ganz klar das Kommando, diesen zu erlegen. Nun saß ich links, mein Jagdbegleiter rechts und es fehlte auf dieser Kanzel eine Schießleiste. Ich versuchte den Punkt ruhig auf den Stich des Hirsches zu bekommen, aber keine Chance. Ich bat Piotr, mir seinen Arm als Auflage hinzustrecken, so bekam ich endlich Festigkeit in mein Zielen. Der Hirsch kam immer näher gezogen und die Sorge, dass er Wind bekommt, wurde im gleichen Verhältnis größer. Und als er auf etwa 80 Meter heran war, drehte er sich ein Stück nach rechts, so dass ich mir eines Schusses sicher wurde. Im Knall zeichnete der Hirsch mit einem gewaltigen Sprung, drehte ab und verschwand krachend rechter Hand im Schilf. Jetzt löste sich die Anspannung und siehe da, das Jagdfieber war doch noch nicht ganz weg. Es war zwar nicht so, dass die Kanzel Gefahr lief um-

113

zufallen, aber ein wenig zitterten mir doch die Hände. Piotr, der den Schuss hinter einer Verblendung nicht hatte sehen können, ließ sich von mir überzeugen, dass der Schuss tödlich sitzen würde und wir bestimmt keine lange Nachsuche hätten. Der Anschuss war spontan zwar nicht zu finden, aber an der Stelle, an welcher der Hirsch in das Schilf eingedrungen war, fanden wir sehr viel Schweiß. Nach etwa 70 Metern fanden wir den Recken verendet im Schilf.

Erst mal hinsetzen und durchatmen. Ich umarmte Piotr und bedankte mich für die Führung auf diesen für mich außergewöhnlichen Hirsch. Mein bleifreies Geschoss hatte damit auch die letzte Feuertaufe bestanden. Die Kugel hatte den Hirsch durchschlagen und viel Ausschuss erzeugt. Während wir auf Arek, Vater und Verstärkung warteten, wurden Erinnerungsbilder gemacht. Das Aufbrechen des Wildes ist für mich selbstver-

114

ständlich Sache des Schützen, nur scheint das hier alles andere als die Regel zu sein. Man schaute sich verwundert an, als der Gastjäger ihre Aufgabe übernahm. Die Größe des Stückes war für mich absolut beeindruckend. Wenn man es nur gewöhnt ist, Rehwild aufzubrechen, dann wirkt so ein Hirsch absolut riesig. Die Waage zeigte später 155 Kilogramm an. Was für ein Feisthirsch. Die Brunft hatte noch nicht begonnen und so war das Fleisch von allerbester Qualität. Ich habe es sehr bedauert, nichts davon für den heimischen Kochtopf mitnehmen zu können. Der Hirsch jedenfalls wurde im Anhänger abtransportiert und Vater sah seinen Sohn strahlen wie ein Honigkuchenpferd. Den Rest des Tages verbrachten wir auf der Terrasse der Unterkunft, tranken ein bis drei Bier, tauschten Jagderlebnisse der letzten Jahre und Jahrzehnte aus und machten einfach mal nichts. Am Abend war es mir dann noch vergönnt, im letzten Licht einen 71 Kilogramm schweren Keiler zu erlegen. Dieser lag im Feuer und somit war dies das Ende eines perfekten Jagdtages. Unter dem Sternenhimmel vor der Unterkunft, traute ich mich schließlich die erlegten Wildarten zu verblasen.

Am nächsten Morgen ließ ich Vater allein los ziehen und schlief aus. Ich hatte schon jetzt mehr erlebt, als ich in meinen kühnsten Träumen zu hoffen gewagt hatte. Und so konnte ich den folgenden Abend in Stille auf dem Ansitz genießen, sah die Sonne untergehen und das Wild in einer traumhaft schönen und ruhigen Landschaft äsen und ziehen. Dann knallte es plötzlich irgendwo in der Ferne. Piotr meinte, dass dies mein Vater war. Wir brachen unseren Ansitz ab, fuhren zum Ort des Geschehens und sahen einen 10-Ender liegen. Nun hatte es beim Vater auch geklappt. Seine Schussentfernung betrug gute 150 Meter. Ich umarmte ihn und wünschte von Herzen Weidmanns Heil. Nachdem ich am nächsten Morgen auf der Pirsch noch ein weiteres Stück Schwarzwild erstmalig vom neu erworbenen Schießstock erlegen konnte, waren endgültig alle Träume er- und übererfüllt. Am Abend erhielten wir unsere Trophäen überreicht.

Mein Hirsch, dessen Alter mit sechs Jahren bestimmt wurde, hatte ein Trophäengewicht von 5,5 Kilogramm und wurde von Piotr anhand der Bemessungsgrundlagen mit 170 CIC-Punkten bewertet, was einem Bronzemedaillenhirsch entspricht. Es waren unglaubliche Tage in Polen, die nie vergessen werden und zum Abschluss der Reise hielten Vater und ich auf dem Heimweg noch einmal in Erfurt an und spielten mit meinem 90-jährigen Großvater noch ein paar Runden Skat. Das perfekte Ende eines perfekten Urlaubs.

Ein unvergessliches Jagdjahr Teil II

Auch der schönste Urlaub muss einmal zu Ende gehen und so hatte mich Ende September der Alltag wieder. Noch immer mit den Eindrücken und Erlebnissen aus Polen im Gemüt, freute ich mich auf einen Abendansitz unter der Woche, da meine Frau im Spätdienst arbeitete und ich so die Strohwitwer-Zeit nutzen wollte. Aber wie das nun mal im Arbeitsleben so ist, es wurde spät mit der Heimkehr aus Frankfurt. Und es gibt ja bekanntlich nichts Entspannenderes, als unter Zeitdruck zum Ansitz zu wollen.

Ziel war ein Hochstand, der bei uns den Namen „Gartenstuhl" bekommen hat. Auto abgestellt, schnell alles ergriffen und los. Wer es eilig hat, soll langsam machen. Auf halbem Wege musste ich umkehren, da das Fernglas nicht vor meiner Brust baumelte. Glockenschlag 19.15 Uhr saß ich auf diesem wunderbaren Leiterstuhl. Zum Glück war noch kein Wild ausgetreten. Ich saß auf einen zweijährigen Bock an, der eine schwache Gabel als Trophäe hatte. Begleitet wurde er von einem Schmalreh, so hatte ich es beim letzten Ansitz bestätigt. Nachdem ich nun gerade einmal eine Viertelstunde gesessen hatte, knackte es links hinter mir und nur einen Augenblick später zogen zwei Rehe auf das Feld hinaus. Kurz darauf kam der von mir erhoffte Bock und schon war ich im Anschlag. Leicht schräg zog er vorbei und auf 60 Meter stellte er sich fast komplett Blatt, so dass ich die Kugel sofort fliegen lassen konnte. Im Knall sah ich den Bock zusammenbrechen und repetierte. Sofort schwenkte ich auf das Schmalreh und konnte es gleich ins Zielfernrohr bekommen. Ein Schuss war allerdings nicht möglich und während ich das Stück bei sechsfacher Vergrößerung verfolgte, kamen in mir Zweifel auf, dass es sich hierbei um ein Schmalreh handelte. Im letzten Ansitz hatte ich das Stück auch nur sehr oberflächlich betrachtet, jetzt galt meine volle Aufmerksamkeit diesem Reh. Und mit jeder Sekunde, die verging, wurde ich sicherer, dass dies eine alte Geltricke sein muss. Nur ihr Verhalten nach dem Schuss war nicht gerade typisch für ein erfahrenes Stück. Warum war es noch da? Ich wurde langsam nervös, denn es ergab sich keine Schusschance. Wenn man schon mal die Möglichkeit hat, auf ein passendes zweites Stück zu schießen, dann... Und da änderte es die Richtung, das Blatt war komplett frei und die Ricke verhoffte ganz kurz, bevor sie im Senffeld verschwinden konnte. Die Kugel schlug auf 60 Meter knapp hinter dem Blatt ein und eine Todesflucht folgte, die neben meinem Sitz endete. Kopfschüttelnd saß ich auf meinem Thron, musste wie immer erst einmal durchatmen und konnte das eben Geschehene noch gar nicht richtig verarbeiten. In größter Hetze auf den Sitz und keine fünfzehn Minuten später liegen zwei passende Stücke. Tja, und nun? Mein Jagdauto war mit meiner Frau zum Spätdienst unterwegs und mein von Haus aus sehr tief liegender Kombi würde hier keine Freude haben. So rief ich einen der Pächter an, der nicht gleich verstand, was ich von ihm wollte, aber sofort alles stehen und liegen ließ und mir zu Hilfe eilte. Schön, wenn man sich auf den einen oder anderen immer verlassen kann. Wir fuhren die Stücke zum anderen Pächter und nach gemeinsamer Betrachtung schätzten wir die Ricke auf etwa acht Jahre. Die Rehsalami, die der Metzger aus Schimmeldewog aus den beiden Stücken herstellte, war ein absoluter Traum und genauso schnell vergriffen wie die berühmten warmen Semmeln.

Knapp vier Wochen später gelang es mir nach gefühlten Jahren, endlich mal wieder meine Simone mit auf die Jagd zu nehmen. Kann ich mich auch in allen jagdlichen Belangen auf ihre Hilfe verlassen, so ist ein gemeinsamer Ansitz schon die ziemliche Ausnahme. Im Sommer ist es zu früh und im Winter ist

118

es zu kalt. Aber ich würde dies niemals als Kritik verstanden wissen wollen, sondern eher mit einem Augenzwinkern versehen. Nun war es also wieder einmal so weit und ich hoffte, dass sie mir beim abendlichen Ansitz auf weibliches Rehwild ein Glücksbringer sein würde. Zu dieser Zeit ist es viel zu oft so, dass das Wild erst austritt, wenn es schon fast dunkel ist und da hier keine männlichen Kitze erlegt werden dürfen, ist es extrem schwierig, die richtigen Stücke zu erlegen. So fiel meine Wahl auf die „Alte Lady", da hier nur sehr selten ein abendlicher Spaziergänger unterwegs ist und das Wild die meiste Ruhe hat. Kurz zuvor hatte ich meine kleine Tochter ebenfalls zu diesem Sitz geführt, um die Tiere des Waldes anzuschauen, aber da hatten wir kein Glück gehabt. Und so beobachtete mein Kind durch die Wärmebildkamera die auf der gegenüberliegenden Hangseite vorbeifahrenden Autos, anstatt irgendwelche Wildtiere. Hauptsache, sie hatte etwas Spaß. Jetzt also saß ich mit meiner Frau auf der von Vater und mir gebauten Kanzel. Die Romantik des Augenblicks wandelte sich jedoch in leichte Enttäuschung. Wieder war kein Stück Rehwild in Anblick zu bekommen und wir warteten nur noch darauf, dass es Zeit wurde heimzugehen. Aber kurz vor dem letzten Licht hörte ich links im Wald ein Knacken. Ich hatte gerade die Wärmebildkamera in der Hand und sah einen Fuchs austreten. Moment, das war doch kein Fuchs? Ich überreichte die Kamera an Simone, hob mein Gewehr, ging in Anschlag und schon war der rote Punkt auf dem Blatt. Ist das ein Frischling? Nein, das ist ein Fuchs. Oder doch nicht? Das muss ein Fuchs sein, aber da stimmt doch etwas nicht. So brach der Schuss und im Feuer war das Stück verendet. Die Neugierde ließ uns sofort abbaumen und die 50 Meter hangabwärts laufen. Im Schein der Taschenlampe wurde das Rätsel gelüftet. Vor uns lag der Fuchs. Und als ich ihn da liegen sah, fiel mir wieder etwas ein. Ein Jahr zuvor hatte ich 300 Meter weiter oben auf der „F3-Kanzel" gesessen und morgens eine Fähe mit ihrem Nachwuchs beobachten können.

119

Diese Fähe war groß, hellgrau und hatte keine Lunte. Jetzt lag dieser Fuchs vor mir. Meiner Schätzung nach hatte sie ein Gewicht von etwa 10 Kilogramm. Ihre Größe und die fehlende Lunte haben das Stück im letzten Licht für einen Moment wie einen Frischling aussehen lassen. Ich freute mich über den gemeinsamen erfolgreichen Ansitz mit Simone, immerhin war es der erste gemeinsame Jagderfolg und tags darauf wurde der Fuchs von uns auch standesgemäß verblasen.

Nun war es bereits Ende November geworden und der weibliche Rehwildabschuss hinkte noch immer hinterher. Pflichtbewusst wie immer, saß ich auf der „Eselsteinkanzel" an und beobachtete in der eingezäunten Fichtenschonung bei noch bestem Licht zwei Rehe. Die Entfernung lag bei über 100 Metern, die Bäume standen eng und waren zum Teil schon sehr groß, so dass es lange dauerte, bis ich einigermaßen die Stücke ansprechen konnte. Als ich nun endlich wusste, wer was ist, ergab sich keine Schussmöglichkeit mehr. Ich besprach mich mit dem Pächter und wir wollten den nächsten Ansitz gemeinsam abhalten. Sie wissen schon, „Du links das Stück, ich rechts das Stück und auf drei, schießen!" So sollten mehrere Fliegen mit einer Klappe geschlagen werden. Das Hauptproblem an dieser Sache war aber ein ganz anderes und hieß Corona! Konnten wir es trotz Impfung wagen, zusammen in einer Kanzel zu sitzen? Unglaublich, wie sich die Zeiten verändert haben. Geimpft, getestet und mit allen guten Wünschen ausgestattet, riskierten wir es. Es war erst kurz nach 16 Uhr, da ließ ich meine Wärmebildkamera die Gegend absuchen und erschrak regelrecht, als ich rechts in die große Freifläche schwenkte, die die Käferfichten hinterlassen haben. Da standen zwei Rehe. Ich machte meinen Sitznachbarn darauf aufmerksam und griff sofort zum Glas. Beides weibliche Stücke, aber doch deutlich schwächer als die letztlich beobachteten. Also los. Ein gemeinsames Schießen jedoch war nicht möglich. Wir konnten ja nur geradeaus

120

zusammen aus einem Fenster schießen, nach rechts war das nicht möglich. Ich fragte, ob ich es alleine probieren kann und darf und erhielt sofort die Zustimmung. Vorsichtig machte ich mich fertig und hatte das erste Stück auf 50 Meter Blatt vor mir im Hang stehend. Die 30-06 ließ das Stück im Feuer zusammenbrechen. Getroffen, hörte ich meinen Hintermann sagen. Ich suchte das zweite Stück im Zielfernrohr und sah nur den Spiegel nach oben in den Wald flüchten. Dort angekommen, verhoffte es, drehte sich und zog nach links. Gleich würde es weg sein. Noch einmal blieb es ganz kurz stehen und da knallte es. Durch den Rückstoß konnte ich nur sehen, dass es weg zog und nach zwei Schritten verschwunden war. Trotzdem war ich überzeugt davon, getroffen zu haben. „Warum hast du jetzt noch mal geschossen?", kam die Frage von hinter mir. Er hatte durch das tiefe Fenster keinen guten Blickwinkel und wusste nicht, dass ich das zweite Stück oben im Wald noch sehen konnte. Die Schussentfernung bis dahin betrug etwa 120 Meter. Wir baumten sofort ab und holten das Auto her. Das erste Stück wurde geborgen. Es war ein Geißkitz. Blieb nur noch, das zweite zu finden. Wir liefen den Hang hoch und suchten den Anschuss. Da war für mich nichts zu sehen. Dafür fand der Pächter einige Meter weiter das bereits verendete Stück. Ebenfalls ein Geißkitz. Erleichterung und Freude durchströmten mich. Zwei Kitze, deren Mutter offensichtlich nicht mehr am Leben war, konnten beide in einem Ansitz erlegt werden. Ich erhielt einen Schulterklopfer vom Pächter und das wollte was heißen. 11 Kilogramm brachten beide Stücke jeweils auf die Waage. Nur das anschließende Aufbrechen würde ich nicht noch einmal so machen. Normalerweise breche ich die Stücke immer im liegen auf. Dieses Mal jedoch haben wir sie an einem Baum mit einer Vorrichtung aufgehangen und im Hang, zwischen Geäst stehend bei schlechtem Licht, schnitt ich mit dem Messer mir so tief in den Daumen, dass ich noch eine sehr lange Erinnerung an diesen Ansitz hatte.

Das neue Kalenderjahr war erst eine Woche alt, als es mich wieder hinauszog. Der weibliche Rehwildabschuss! Persönlich denke ich, dass die Jagd auf das weibliche Wild weitaus schwieriger ist, als auf die Böcke. Das ganze Jahr sind sie zu sehen und man hätte so oft einen guten Schuss anbringen können, aber wenn es dann September wird und die Jagdzeit heran ist, sind die Stücke plötzlich nicht mehr da. Dann erscheinen sie auch oft erst nach Einbruch der Dunkelheit und sind morgens mit dem ersten Büchsenlicht wieder verschwunden. Alles in allem habe ich über die letzten Jahre bei dieser Wildart gelernt, dass das Fell des Bären erst verkauft werden kann, wenn er erlegt ist. Nun habe ich zwar im Laufe der Zeit einen Kundenstamm aufgebaut, der regelmäßig das von mir erlegte Wild kaufen möchte, jedoch sind die Würste und die Salami so gut angekommen, dass die Nachfrage jetzt größer war als das Angebot. Und so hatte ich zwei gute Gründe, meinen Hintern in die Kälte hinaus zu bewegen. Ziel des Ansitzes war die Gegend mit dem Namen „Schanze". Passend dazu geht es hier bergab Richtung Fürth und zur linken Hand liegt ein Wiesenhang mit einer Größe von ungefähr anderthalb Hektar. Hier läßt sich bei Schnee hervorragend Schlitten fahren, wie ich im Jahr zuvor mit meiner Frau und meiner Tochter ausprobiert hatte. Dabei musste ich auch feststellen, wie steil der Anstieg tatsächlich ist. Zweimal den Schlitten samt Kind den Berg durch den hohen Schnee hochgezogen, da wurde einem schon ganz schön warm. Der Name „Schanze" war also wirklich berechtigt. Aber die Jubelschreie von Simone und meiner Tochter beim Herunterfahren waren ein schöner Lohn. Nun bin ich etwas abgeschweift. In dieser Ecke des Revieres gibt es zwei Ansitzmöglichkeiten. Einen Erdsitz, der auf der rechten Seite in eine Hecke eingebaut ist und dann links einen großen Wagen. Mir ist der offene Sitz im Normalfall immer der angenehmere, aber alles, was bisher in diesem Bereich zur Strecke kam, wurde vom Wagen aus erlegt. Und zu dessen Ehrenrettung muss man auch zugeben, dass seine Fenster im kalten Winterwind ein Segen sind. Trotzdem, stur wie der Jäger nun manchmal auch ist, der erste Versuch sollte vom Erdsitz aus gewagt werden. Das Wild trat bereits zu Dämmerungsbeginn aus, aber selbstverständlich genau da, wo ich nicht saß. Dennoch gelang es mir, die insgesamt fünf Stücke anzusprechen und hoffte noch auf einen glücklichen Zufall. Kurz vor Ende des Büchsenlichtes sprangen alle Stücke ab. Auf dem Klangwanderweg lärmte eine Familie mit ihren Kindern und ich brach meinen Ansitz ab. In der heutigen Zeit ist es ein heikles Thema für uns Jäger geworden, das Verhalten der Mitmenschen in der Natur anzusprechen beziehungsweise zu kritisieren und wenn ich dem auch sehr oft aus dem Weg gehe, diesmal konnte ich das nicht schweigend hinnehmen. Freundlich und höflich zeigte ich der Familie die Auswirkung ihres Verhaltens auf, so dass man mir versicherte, zukünftig darauf achten zu wollen. Am nächsten Nachmittag erfolgte der zweite Versuch natürlich vom Wagen aus und siehe da, das Wild war nun deutlich näher. Jedoch zog die Ricke mit den zwei Kitzen nur kurz und zügig am Waldrand entlang und war auch schon wieder verschwunden. Es fing inzwischen leicht zu schneien an. Später, als das Licht schon nachgelassen hatte, erschien ein einzelnes Reh. Auf Entfernungen von über 100 Meter und ohne Vergleiche mit anderen Rehen ist es manchmal schwierig, die Stücke richtig anzusprechen. Jedenfalls erkannte ich dann, dass es sich um ein weibliches Stück handelte. Ich richtete mich zum Schuss ein und suchte noch einmal den Waldrand mit der Wärmebildkamera ab. Nichts weiter zu sehen. Letztendlich kam ich zu der Entscheidung, dass ich hier keine Ricke vor mir hatte und um kurz vor fünf zerriss der Knall des Schusses die Stille. Das Reh lag im Feuer. Ich wartete zunächst noch einige Minuten ab, aber als sich nichts mehr tat, lief ich die 120 Meter zum Stück, um es zu betrachten und zu bergen. Es war ein Geißkitz. Die Waage zeigte später 11 Kilogramm an. Zwei Gedanken begleiteten mich an diesem Abend ins Bett. Zum einen war dieses eine Stück für den Metzger zu wenig, um die heißbegehrte Rehsalami herzustellen, zum anderen stellte ich mir die Frage, wo die Ricke gewesen ist. Der Schneefall wurde stärker und es sollte die ganze Nacht nicht aufhören. Somit war die Frage nach dem morgendlichen Ansitz schon geklärt. Es sollte wieder der Wagen auf der „Schanze" sein. Erstens kam man da mit dem Auto noch einigermaßen gut hin, zum zweiten wollte ich wissen, ob es die Ricke zu diesem Kitz noch gibt. Weit vor dem ersten Büchsenlicht, saß ich bereits im Wagen und leistete wieder einmal Abbitte, da es sich hier drin bei dem Wetter sehr gut aushalten ließ. Mit Beginn der Dämmerung erblickte ich im Wald vor mir, auf Höhe der Salzlecke, ein Reh in der Wärmebildkamera. Sonst war nichts zu sehen. Ich begann zu hoffen, dass das Stück lange genug bleiben würde, bis ich eine Chance erhielt, es im ersten Licht genau ansprechen zu können. In solchen Momenten vergeht die Zeit immer viel zu langsam, aber das Reh blieb und zog ganz gemächlich auf die Wiese hinaus. Gespannt verfolgte ich im Fernglas jede Bewegung. Durch den Schnee auf der Wiese und den Hecken am Waldrand hatte ich den Kontrast, den ich benötigte, um erkennen zu können, dass es sich um ein weibliches Stück handelte. Ich nahm den Repetierer hoch und richtete mich genau wie am Vorabend ein. War es die Ricke? Das Stück zog hangaufwärts, genau auf die Stelle zu, an der das Kitz am Vorabend gelegen hatte. Als es dort angekommen war, verhoffte es. Damit war meine Frage beantwortet. Das Stück stand breit und auch dieses war im Knall verendet. Ich baumte langsam ab, holte das Auto und hielt am Stück inne. Es hatte mittlerweile aufgehört zu schneien. Das Reh erhielt, wie jedes erlegte Tier, seinen letzten Bissen und ich hielt für einen Moment Totenwache. Erleichterung kam in mir auf. Alle getroffenen Entscheidungen stellten sich als richtig heraus und mit einem Gefühl von Demut und Dankbarkeit machte ich mich auf den Heimweg. Später stieß ich mit meiner Familie auf das Weidmanns Heil an und wünschte mir, dass diese Jagderfolge noch lange anhalten mögen. Ach ja, und von der Salami haben wir uns diesmal ein Stück mehr für uns einbehalten.

Die letzte Geschichte aus diesem unvergesslichen Jagdjahr war dann noch mein ganz persönliches i-Tüpfelchen. Ich erwähnte ja bereits zu Beginn des vorherigen Kapitels, dass dieses Erlebnis mit einem ganz besonderen Sitz zu tun hat. Geographisch befinden wir uns im nördlichen Teil des Revieres, wo der Klangwanderweg „H10-" und der Wanderweg „F3" zusammen kommen. Dort gibt es einen etwa drei Hektar großen viereckigen Acker, der an zwei Seiten von Wald und an den anderen zwei Seiten von genannten Wegen begrenzt wird. Am östlichen Ende stand hier zu Beginn meiner jagdlichen Zugehörigkeit ein Wagen. Obwohl mir der Wagen nie etwas getan hatte, fand ich ihn unpraktisch und deplatziert. Sobald die Frucht auf dem Acker aufgegangen war, konnte man aus dem Wagen heraus nichts mehr sehen und das nahezu ebenerdige Schießen Richtung Westen war für mich auch ein Grund, den Finger gerade zu lassen. Eines schönen Tages registrierte ich, dass der Wagen nicht mehr an seinem Platz stand. Sein neuer Standort war nur gute 200 Meter nordwestlich entfernt, aber da passte er hervorragend hin. Er stand jetzt quer im Wiesenhang und man konnte von dort aus in drei Richtungen ohne Probleme schießen. Doch war die Stelle am Acker wo der Wagen vorher stand ziemlich nackt. Ich betrachtete das ganze einmal in Ruhe und eine Erinnerung kam in mir auf. Im früheren Jagdrevier in Rippersroda, gab es damals einen Sitz der als Dreiecksitz in einen Baum genagelt worden war. Oft habe ich nicht darauf gesessen, aber wenn ich es tat, war ich jedes Mal fasziniert. Man kann manche Empfindungen nicht wirklich präzisieren oder auch erklären, aber für mich war das etwas Tolles. Und hier stand vor mir ein Ahornbaum, der drei gleich große Stämme hatte, die in verschiedene Richtungen wuchsen. Ab einer Höhe von vier Meter hatte man genug Platz, um da oben einen Sitz hinein zu bauen. Beim nächsten Besuch meines Vaters weihte ich ihn in meine Gedanken ein und er war gleich Feuer und Flamme. Ich holte mir grünes Licht von den Pächtern, und schon legten Vater und Sohn los. Die Arbeiten gingen gut und problemlos voran. An einem Samstag Ende April waren meine Eltern wieder eingeladen und zu diesem Zeitpunkt war auch meine Tochter bei mir. Oma und Enkelkind waren gleich im Kinderzimmer verschwunden und so machten Vater und ich uns auf den Weg zu unserer Waldbaustelle. Wir packten noch etwas Proviant ein und verabredeten mit Simone, dass wir uns später im Wald treffen und ein kleines Picknick veranstalten wollten. Die Leiter, die Stützen und den Boden hatten wir inzwischen fertig und ich kniete gerade auf selbigem, als ich in die Ferne schaute und meine Familie sah. Meine Mutter und meine Simone kamen mit unserem Irish-Terrier Brenda den Weg entlang und meine kleine Tochter fuhr auf ihrem Fahrrad voraus. Es war noch nicht lange her, als ich ihr das Fahrradfahren beigebracht hatte und jetzt sah ich sie zum ersten Mal ganz allein den Weg entlang radeln. Dieses Bild hat sich in mein Gedächtnis eingebrannt. Es war ein Moment, indem ich nichts weiter als Glückseligkeit verspürte. Ich hielt mit der Arbeit inne und sah mir mit meinem Vater zusammen dieses Familienbild an. Als meine Mädels schließlich da waren, legten wir eine Futterpause ein. An der frischen Luft schmeckt es immer am besten. Anschließend half mir meine kleine Tochter beim zersägen des Stammes und somit hatte sie auch ihren Anteil am Gelingen des Unternehmens geleistet. Danach ging es für die Frauen zurück und die Männer bauten noch etwas weiter. Mit den Pächtern zusammen wurde das Dach gebaut und die vielen kleinen Restarbeiten erledigt - dann war das Meisterwerk fertig. Der erste Ansitz ließ aber noch sehr lange auf sich warten. Es war dann schon der 13. Januar 2022, als ich zum ersten Mal diese Leiter erklomm. Der vor mir liegende Acker wies deutliche Spuren von Schwarzwild aus. Im letzten Jahr war hier Mais angebaut. Obwohl wir sofort reagier-

126

ten und anhängerweise die übrig gebliebenen Kolben aufsammelten, wurde der restliche Mais sehr schnell untergegrubbert. Das Resultat war, dass die Sauen auf der Suche nach diesem Mais die Samen der Wintergerste mit ausgegraben haben. Oder wie man es in der Weidmannssprache ausdrückt, sie sind zu Schaden gegangen und haben den halben Acker umgebrochen. Gegen 19.30 Uhr nahm ich also erstmals Platz und war froh, dass ich warm angezogen war. Der Mond schien hell und auf dem Acker waren noch Schneereste verblieben. Es waren wieder einmal Momente, in denen man meinte, dass die Zeit stehen bleiben würde. Ich genoss in tiefen Atemzügen die kalte, klare Luft und erfreute mich an diesem winterlichen Nachtanblick. Ehrlich gesagt vermutete ich, dass die Sauen aufgrund dieser Helligkeit nicht mehr auf den Acker ziehen würden, aber wer konnte das schon wissen? Immerhin waren sie ja auch gekommen, als der Schnee schon gelegen hatte. Die Zeit verging, es war inzwischen 20.45 Uhr und ich glaste das Gelände immer wieder mal ab, um dann plötzlich einen Fuchs in Anblick zu bekommen. Mitte Januar war natürlich auch die Ranzzeit der Füchse und dieses Exemplar war wie das batteriebetriebene Häschen aus der Werbung. Die Wiese vor, zurück, mal links, mal rechts und immer in Bewegung. Längst hatte ich meinen Repetierer im Anschlag und versuchte, den roten Punkt auf den Fuchs zu bekommen. Einige Male verschwand der Fuchs in der Senke und tauchte wieder auf. Es würde nicht leicht werden, einen sicheren Schuss abzugeben. Schließlich schnürte der Fuchs auf den Acker und direkt auf mich zu. Es ist immer wieder erstaunlich, wie so ein großer Fuchs im Zielfernrohr verschwinden kann, wenn er nachts komplett gerade auf einen zusteht. Dann zog er schnurstracks Richtung Wald und ich kam kaum noch mit dem Gewehr herum. Im wirklich allerletzten Moment verhoffte er in einer Entfernung von 40 Metern so, dass ich in maximaler Streckung noch schießen konnte. Im Knall überschlug sich der Fuchs und flüchtete 20 Meter, bevor es ihn zu Boden riss und er verendet war. Mit einem tiefen Gefühl der Erleichterung, holte ich nach einer knappen Minute das Gewehr wieder ein, nahm die Ohrenschützer herunter und lehnte mich zurück. Freude durchströmte mich. Ich wurde ganz ruhig und ließ in Gedanken dieses Jagdjahr noch einmal Revue passieren. Ich saß dort auf dieser Baumkanzel, die ich mit meiner Familie gebaut habe und fühlte nichts weiter als Seligkeit. Doch irgendwann erinnerte ich mich, dass ich hier ja noch auf einem Ansitz war und nahm das Fernglas wieder zur Hand. Exakt eine Stunde später nachdem der Schuss gefallen war, nahm ich einen weiteren Fuchs wahr. Dieser zog praktisch auf der gleichen Fährte wie der erste. Sofort setzte ich meine Ohrenschützer auf, ergriff das Gewehr und ging in Anschlag. Ich hatte ihn schnell im Zielfernrohr erfasst und fragte mich, was wohl passieren wird, wenn er auf den verendeten Fuchs trifft? Doch soweit kam es nicht mehr. Auf 70 Meter stellte er sich breit und verhoffte für einen kurzen Moment. Die Kugel war sofort aus dem Lauf und lies den Fuchs im Feuer verenden. Ich lehnte mich dieses Mal gar nicht mehr erst zurück, sondern baumte sofort ab. Nachdem nun über viele Kilometer die zwei Schüsse zu hören gewesen waren, brauchte ich nicht mehr länger auf Sauen warten. Ich untersuchte beide Füchse und stellte fest, dass ich zuerst die Fähe erlegt hatte und im Anschluss den Rüden. Ich hielt an den Stücken noch einen Moment inne, dann machte ich mich auf den Heimweg.

Später im warmen Bett, taute ich langsam wieder auf und da ich bei aller Vorsicht meine Frau doch aufgeweckt hatte, konnte ich ihr wenigstens gleich von den Erlebnissen des Abends berichten. Vielleicht mag es kitschig klingen, aber es war das perfekte Ende für mich, denn mit einem Lächeln im Gesicht und meiner Frau im Arm bin ich glücklich eingeschlafen.

Danksagung

Beginnen möchte ich die Danksagung bei meiner Frau Simone, die mich zum Schreiben dieses Buches ermutigt hat. Du warst mein erster Zuhörer und hast mich bestärkt, meinen Weg des Schreibens so weiterzugehen. Danke für Deine Liebe und Dein Vertrauen.

Ich danke meinen Eltern für alles, was sie bisher für mich in meinem Leben getan haben. Euch ist dieses Buch gewidmet. Aber vor allem danke ich meinem Vater, der seine Jagdleidenschaft auf mich übertragen konnte. Weiterhin für die Geduld, die stetige Hilfe und für all das, was mich beeinflusst hat, der Jäger zu werden, der ich heute bin.

Mein Dank gilt allen Pächtern der Reviere in Rippersroda, Büdesheim, Eichen, Ober-Sensbach und Hammelbach, die mir die Möglichkeit gaben und geben, dort jagen zu dürfen. Euch allzeit Weidmanns Heil!

Ein ganz besonderer Dank gilt meinem ehemaligen Nachbarn und Jagdaufseher in Ober-Sensbach. Du hattest ebenfalls entscheidenden Anteil an meinem jagdlichen Reifeprozess und auch wenn wir es anfangs nicht leicht miteinander hatten, unsere gemeinsame Zeit wird für immer unvergessen bleiben. Und natürlich auch einen herzlichen Dank an Deinen Hund, meinen lieben Freund Hektor, der mit seiner Spürnase immer wieder geholfen hatte, das erlegte Stück zu finden.

Dem Metzger aus Schimmeldewog danke ich (so, wie viele andere Genießer auch) für die unglaublich leckeren Bratwürste, dem Schinken, der Salami und allem, was Du bisher aus dem Wildbret gezaubert hast.

Relativ schnell habe ich gelernt, dass man ein Buch nicht alleine schreibt. Und so möchte ich die Gelegenheit nutzen, mich bei all den Menschen zu bedanken, die das Erscheinen dieses Werkes möglich gemacht haben.
Ein großes Dankeschön von ganzem Herzen an die Tochter meiner Frau, Milena. Jedes von Dir gezeichnete Bild ist in meinen Augen ein Meisterwerk und ich bin stolz darauf, dass ich Deine Kunst für mein Buch verwenden darf.

Jeannette, Dir und Deinen Fähigkeiten möchte ich meine tiefste Bewunderung aussprechen. Du hast das Layout des Buches, das Cover und den Buchsatz gestaltet. Dass ich Dich für dieses Buchprojekt gewinnen konnte, rundet es für mich persönlich ab und dafür danke ich Dir sehr!

Zuletzt genannt, mein Bruder Stefan, die wichtigste Person an diesem Buch. Ohne Dich wäre das nichts geworden! Aufgrund Deiner literarischen Kenntnisse und Deinen Erfahrungswerten, bereits Bücher veröffentlicht zu haben, hatte ich in Dir den Partner an meiner Seite, den es braucht, um so etwas vollenden zu können. Danke für das Korrekturlesen, Deine Anregungen und Deine Kritik. Danke für die Zeit, die Du Dir genommen hast, Deine Flexibilität, Deine malerischen Fähigkeiten und einfach DANKE für Deine Hilfe!

Martin Radoi

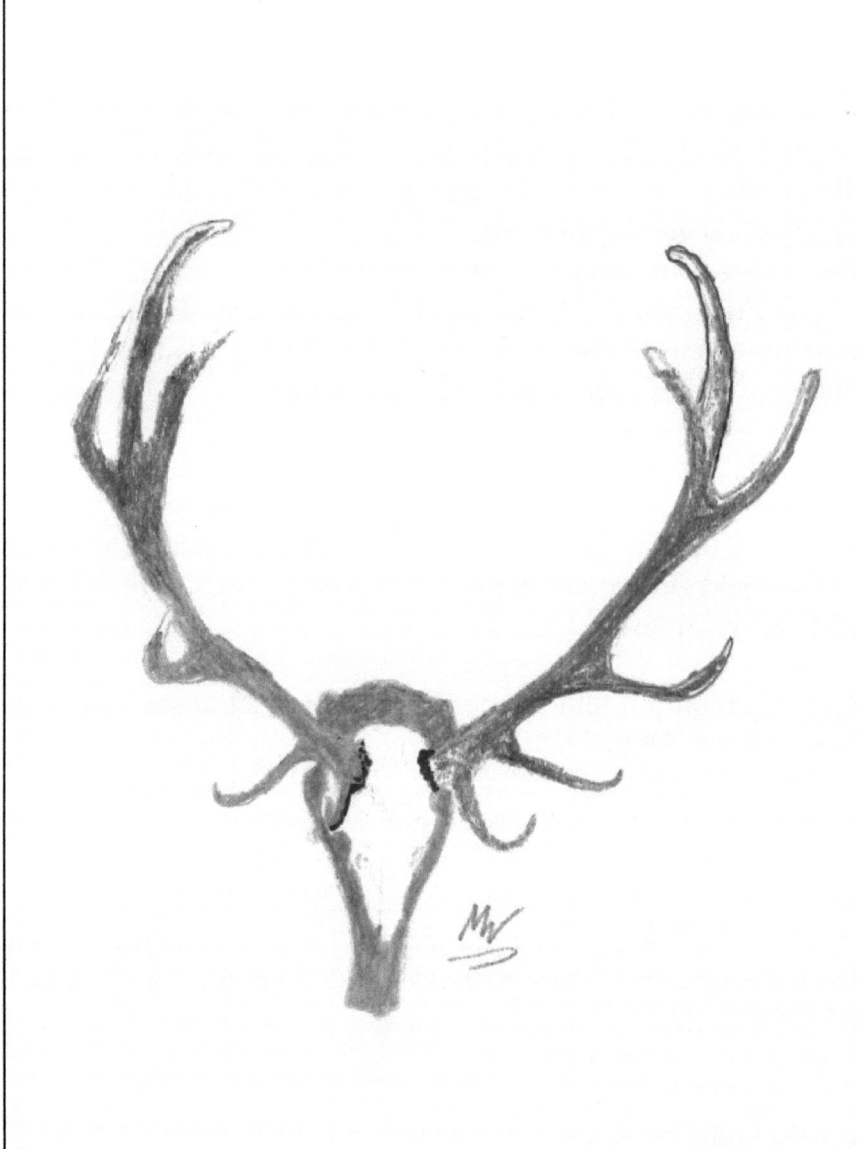